井伊城・安倍城と戦国今川の城

この本は遠江・駿河の南北朝期の城と、戦国期の今川領国の城の城跡を探り、考証したものである。

なお、先に発表した城に関わることの多い「武田・徳川の攻防の推移」を補訂して掲載。

また、書名からは外れるが、書き捨てたままになっていた喫茶文化史に関する駄文を附した。

目次

井伊城と安倍城

一　井伊城

山城国御家人松井八郎助宗申軍忠事、今月四日〈建武四〉遠江国井伊城前於二三片(方)原御合戦一、致三忠節二御前縣レ先一、御敵頸取〈井伊一族云々〉、其外凶徒両人切落畢、此条横地治部丞・朝夷彦五郎見知訖、然者為二後証一、下賜御証判、弥致二軍忠一、為レ成レ勇、恐惶謹言、

建武四年七月五日

「見知了、（花押）（今川範国）」

〔訓読〕

山城国御家人松井八郎助宗申す軍忠の事。今月四日〈建武四〉、遠江国井伊城前三片原御合戦に於いて、御前先縣けの忠節を致し、御敵の頸《くび》を取り〈井伊一族と云々《うんぬん》〉其の外凶徒両人を切落し畢《お》わんぬ。此の条、横地治部丞《じぶのじょう》・朝夷(比奈)彦五郎見知し訖《お》わんぬ。然れば後証の為御証判を下し賜《たまわ》らば、弥《いよいよ》軍忠を致し、勇を成さんと為《な》す、恐惶《きょうこう》謹言。

建武四年七月五日

「見知《けんち》し了《お》わんぬ。（花押）」

これは南北朝時代初めの建武四年（延元二年、一三三七）遠江守護今川範国に従って、三方原で井伊氏と戦い、その手柄を申請した松井助宗の軍忠状（写、土佐国蠧簡集残編所収文書）である。

井伊氏は、『太平記』第十九巻に「遠江の伊井介は妙法院宮を取り立てまゐらせて、奥山に楯籠もる」とあ

るように、後醍醐天皇の皇子妙法院宮、還俗して宗良親王を擁していたため今川範国に攻撃されたのである。

さて井伊城であるが、同じ戦の内田致景軍忠状（写、建武四年七月、内田文書）には「当国於井伊御嵩冂凵御供仕」云々とあり、「御嵩冂」が御嶽の誤記であれば、井伊谷（浜松市北区引佐町井伊谷）の東北に聳える三岳山（標高四六七米、引佐町三岳）の三岳城ということになり、そうであれば「井伊城前、於三片原」も地理的に納得できる。

なお、宗良親王の歌集『季花集』に次のようにある。

延元四年（三年の誤り）春頃、遠江国井伊城に住み侍りしに、浜名の橋霞わたりて、橋本の松原湊の波かけて、はる〴〵と見渡さるゝ朝夕の景色、面白く覚え侍りしかば、

夕暮はみなともそことしらすげ（白菅＝白須賀）の入海のけて霞む松原

これも三岳城での眺望であろうか……。しかし、後で引用する『瑠璃山年録残編裏書』（大福寺所蔵記録）に出てくる暦応三年（興国元年、一三四〇）「正月卅日、ミタ□（ケ）城追終畢」、「八月廿四日夜、大平城□（追）落□（畢）」が、『鶴岡社務記録』（改定史籍集覧）には「二月、遠江井伊没落之由、高越後并仁木右馬助馳申レ之了」、「（八月）廿四日、井伊城没落」と記されているように、「井伊城」と呼ばれたのは特定の城のことではなく、井伊氏関係の城郭群の総称であったのかもしれない。ちなみに、暦応三年卯月　日の高義胤申状（祇園執行日記紙背文書）にも「於二遠州井伊城一、軍忠最中也」云々とある。

建武五年（延元三年、一三三八）正月、奥州国司兼鎮守府将軍北畠顕家の大軍が鎌倉を発って西上、美濃国青野原の戦で幕府軍に勝利したが、進路を伊勢路にとり、五月和泉国石津での戦で顕家は討死してしまう。

宗良親王はこの時、井伊氏の許を出て北畠軍に加わり西上（建武五年八月日の狭間正供軍忠状案〈大友文書〉

に「今年三月……十六日、於天王寺・安部野原、致合戦軍忠之処、遠江国井介手者生捕、」こ）、顕家敗死後、吉野の行宮に帰った。一方、今川範国は北畠軍を追い青野原で戦い戦の後遠江に戻り、再び井伊城を攻めている。建武五年七月二十五日の松井助宗軍忠状写（土佐国蠹簡集残編所収文書）に「今月廿三日、於二遠州井伊城中手一、散々合戦、引残抽二忠節一訖」云々とある。

同年（八月二十八日暦応と改元）九月、宗良親王は兄義良親王（後の後村上天皇）等と吉野を出て伊勢国大湊より出航、東国へ向かった。ところがこの船団は遠州灘で大嵐に遭い宗良親王の船は遠江国の白羽湊（浜松市南区白羽町という）に漂着し、親王は再び井伊介の許に入った。（『太平記』第二十巻、『李花集』『関城書裏書』『南方紀伝』）。

暦応二年（延元四年、一三三七）秋、宗良親王の滞在していた井伊氏に対して幕府軍は総攻撃に出た。『瑠璃山年録残編裏書』に、

暦応二年七月廿二日、為井責、越後殿《（高師泰）》下、大平ニ向給、尾張殿《（高師兼）》浜名手向給、カモヘノ城廿六日追落畢、同十月卅日千頭峯城追落畢、同次正月卅四日夜大平城□落□□、但当国守護新木殿《（仁木義長）》落給、

とある。

以下、ここに見えるカモヘ城、千頭峯城、ミタケ城、大平城について述べる。

(1) カモヘ城

カモヘといえば、浜松市中区鴨江四丁目に所在する名刹、鴨江寺（鴨江観音、真言宗）ということになるが、この寺が城郭として利用されたのであろうか、ただしそうした記録は見られず、伝承もない。

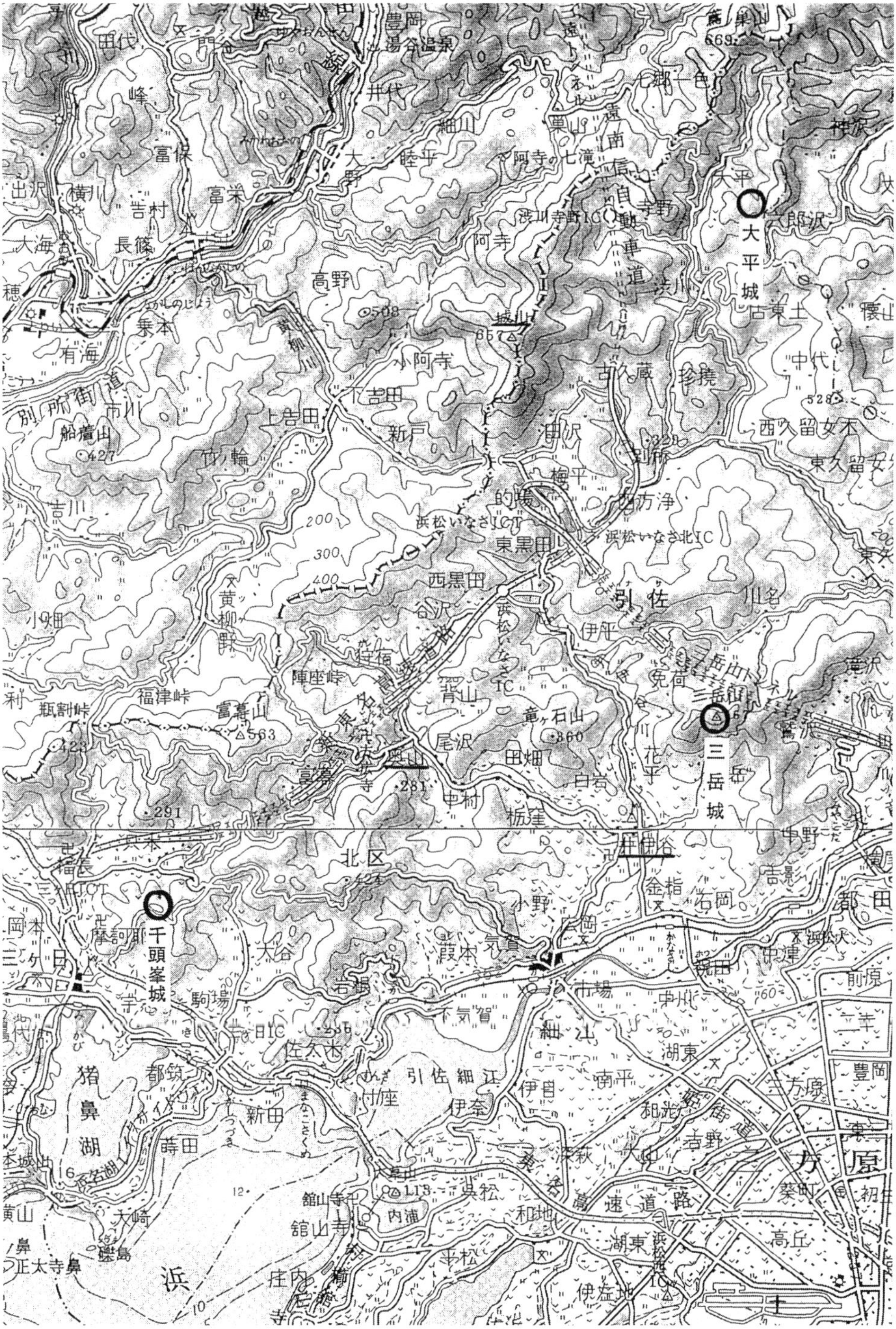
大平城
三岳城
千頭峯城
豊岡
湯谷温泉
井代
細川
大野
睦平
阿寺の七滝
栗山
遠南信自動車道
七郷一色
神沢
大平
寺野
渋川寺野IC
阿寺
渋川
高野
城山
657
小阿寺
古久蔵
珍持
中代
528
田代
峰
富保
富栄
出沢
横川
吉村
長篠
大海
乗本
有海
黄柳川
別所街道
市川
船着山
427
竹ノ輪
上吉田
下吉田
新戸
田沢
別所
西久留女木
東久留女木
的場
梅平
四方浄
浜松いなさJCT
浜松いなさ北IC
東黒田
西黒田
200
300
400
吉川
小畑
黄柳野
谷沢
引佐
川名
伊平
陣座峠
背山
竜ヶ石山
360
福津峠
富幕山
563
瓶割峠
423
尾沢
田畑
白岩
花平
三岳山
奥山
281
方広寺
中村
栃窪
291
井伊谷
北区
金指
石岡
都田
小野
気賀
摩訶耶
三ヶ日
大谷
葭本
岩根
市場
中川
駒場
不気賀
細江
宇志
佐久米
湖東
都筑
引佐細江
伊目
南平
猪鼻湖
新田
伊奈
和光
姫街道
時田
吉野
三方原
本城山
大崎
呉松
和地
東名高速道路
礫島
館山寺
内浦
湖東
浜松西IC
高丘
正太寺鼻
平松
庄内
伊左地
浜

井伊氏関係の城の配置

ところで先の記録には「浜名手向給、カモヘノ城」とあり、浜名というのは古くは浜名十郷と称された（『遠江国風土記伝』）現在の浜松市北区三ヶ日町一帯の地名であるので、カモヘをそれよりかなり離れた浜名湖の東方の鴨江寺のこととするのは疑問でもある。しかしながら湖北にはそれらしい地名は見当たらない。

(2) 千頭峯城

摩訶耶寺文書に依れば同寺より東方一三〇〇米の山中、俚称観音岩付近は元摩耶寺のあった処を千灯峯と称し（中略）現在は其付近を中千頭と呼んでゐる。

これは沼館愛三氏の「千頭峯城址の研究」（『静岡県郷土研究』第十三輯〈昭和十四年〉）よりの引用である（高橋佑吉氏の『浜名史論』にも同様な記述がある。

ところが沼館氏はこの中千頭（千灯峯、三ヶ日町字志大里）を千頭峯城址とはせず、摩訶耶寺裏山「城山」をそれとした。それは城山に明瞭な城跡があり、寺院法会の「千灯会」に由来するであろう千灯ということばを、荘官の専当のこととし、城山は浜名神戸の専当の支配していた専当山（千頭峯）であると見做したことによる。しかし、城山の遺跡は戦国期のもの（浜名城跡）と見られるので、千頭峯城址ではなく中千頭が千頭峯城址であろう。

(3) ミタケ（三岳）城

この城は前にも述べた三岳山（標高四六七米、引佐町三岳）に所在した城である。ただしこの城は戦国期にも使用されているので、その遺跡もその時に手が加えられているものと思われる。

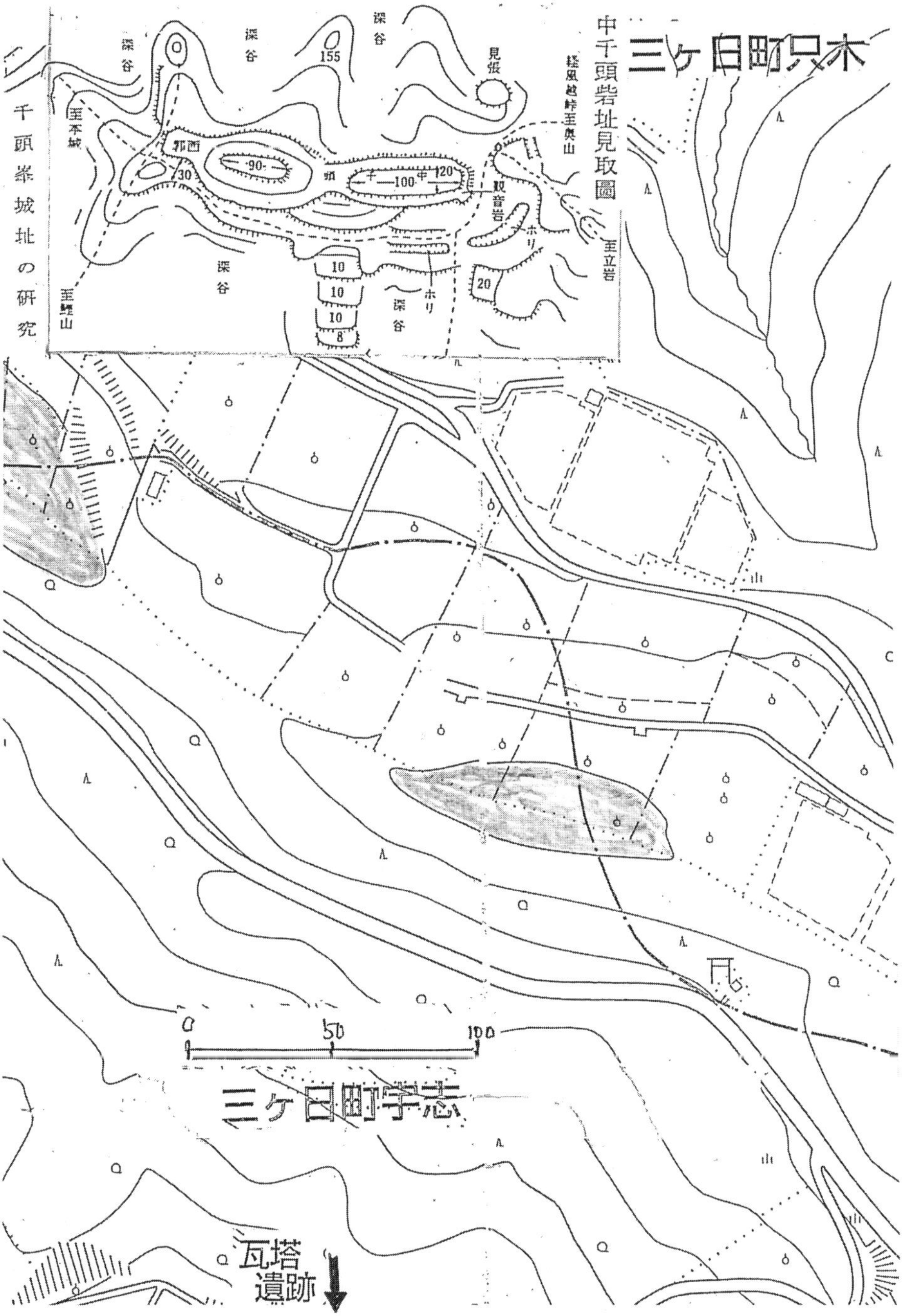
中千頭砦址見取圖
三ヶ日町只木
千頭峯城址の研究
深谷
深谷
深谷
深谷
見張
155
90
100
120
30
観音岩
ホリ
ホリ
至立岩
20
10
10
10
8
0
50
100
三ヶ日町宇志
瓦塔遺跡

千頭峯城跡

⑷ 大平城

平成十一年（一九九九）、中村昭司氏が「大平城は〝道々砦〟」（『古城』45）を、これをうけて、高山新司氏が「幻の渋川大平城を求めて」（『古城』47）を発表されるまでは、浜松市浜北区の「大平城跡」をこれに充ててきたが、高山氏の論じた浜松市北区引佐町渋川の大代《おおじろ》・大平《おいだいら》地区の尾根筋に所在したとするのが妥当であると私は思う。

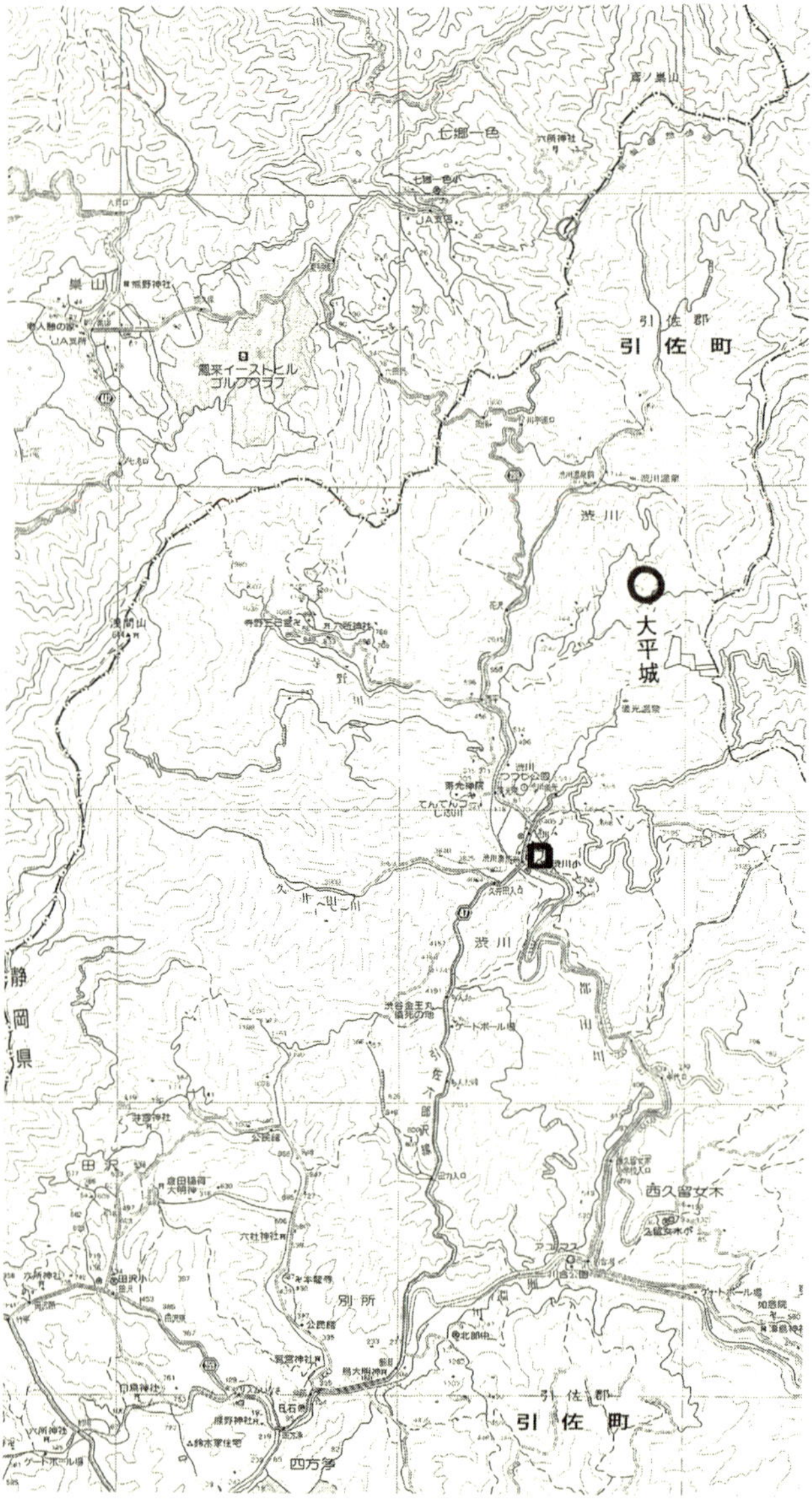

引佐町北部

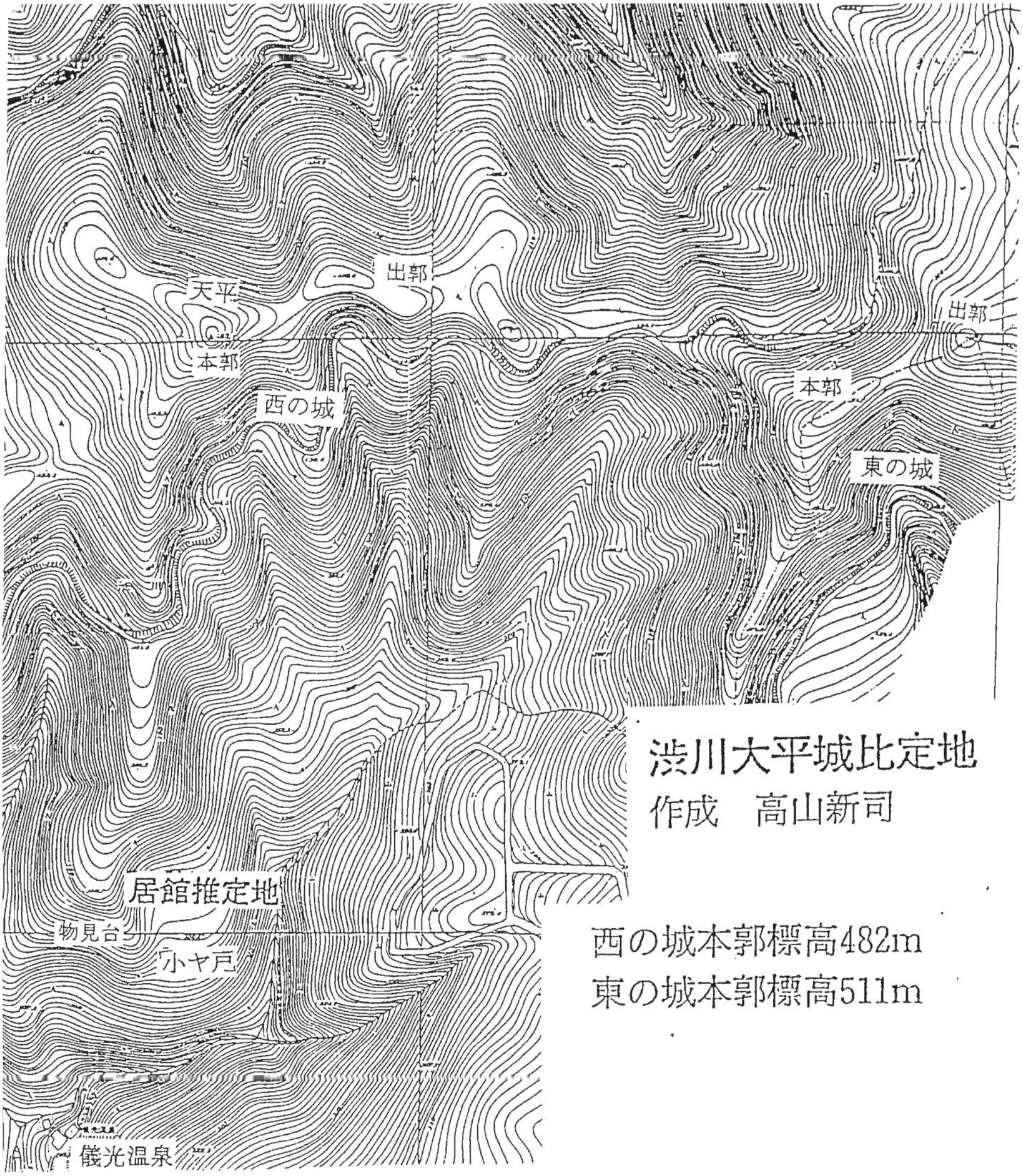
天平
出郭
本郭
西の城
出郭
本郭
東の城
渋川大平城比定地
作成　高山新司
居館推定地
物見台
小ヤ戸
西の城本郭標高482m
東の城本郭標高511m
儀光温泉

〈新編　井伊氏系図〉　※「藤原氏井伊奥山系図并親類之次第」を骨子とした。

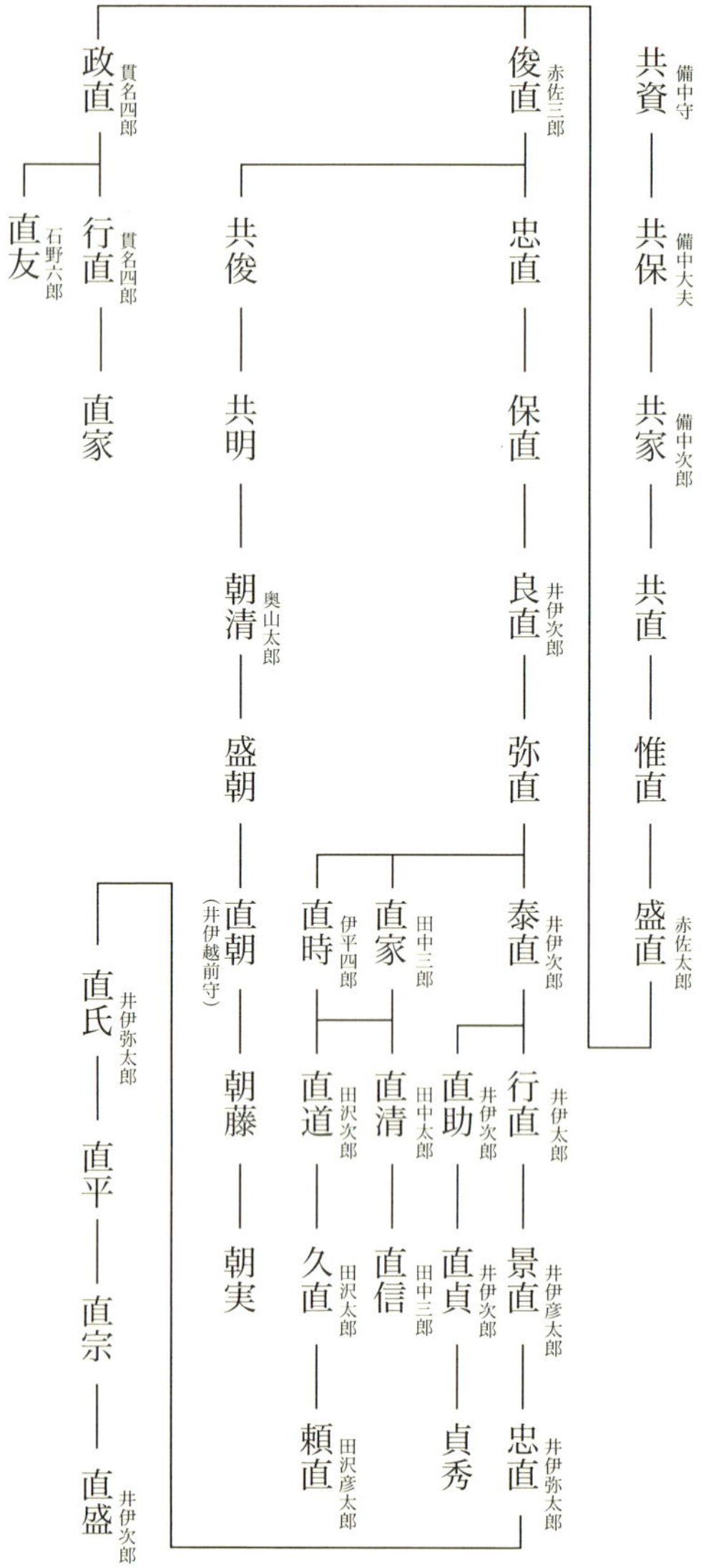

天保十五年（一八四四）井伊谷二宮神社神主中井直恕が編纂した中世井伊氏の歴史書『礎石伝』（引佐町史料第九集）に「井伊故城本丸之図」が収められていてその本丸の北西に位置する丘（標高一一四米）を「御所丸」としている（現在、井伊谷城跡としている）。そして次のようにある。

御所之丸ト申候は山ノ絶頂ニ御座候。大手御門は巽（たつみ、南東）口に在レ之候。搦手御門は西方南へ寄、坤（ひつじさる、南西）方口に御座候。是を礎石と称し申候。此出丸に一品将軍宮宗良親王入御坐々ける。

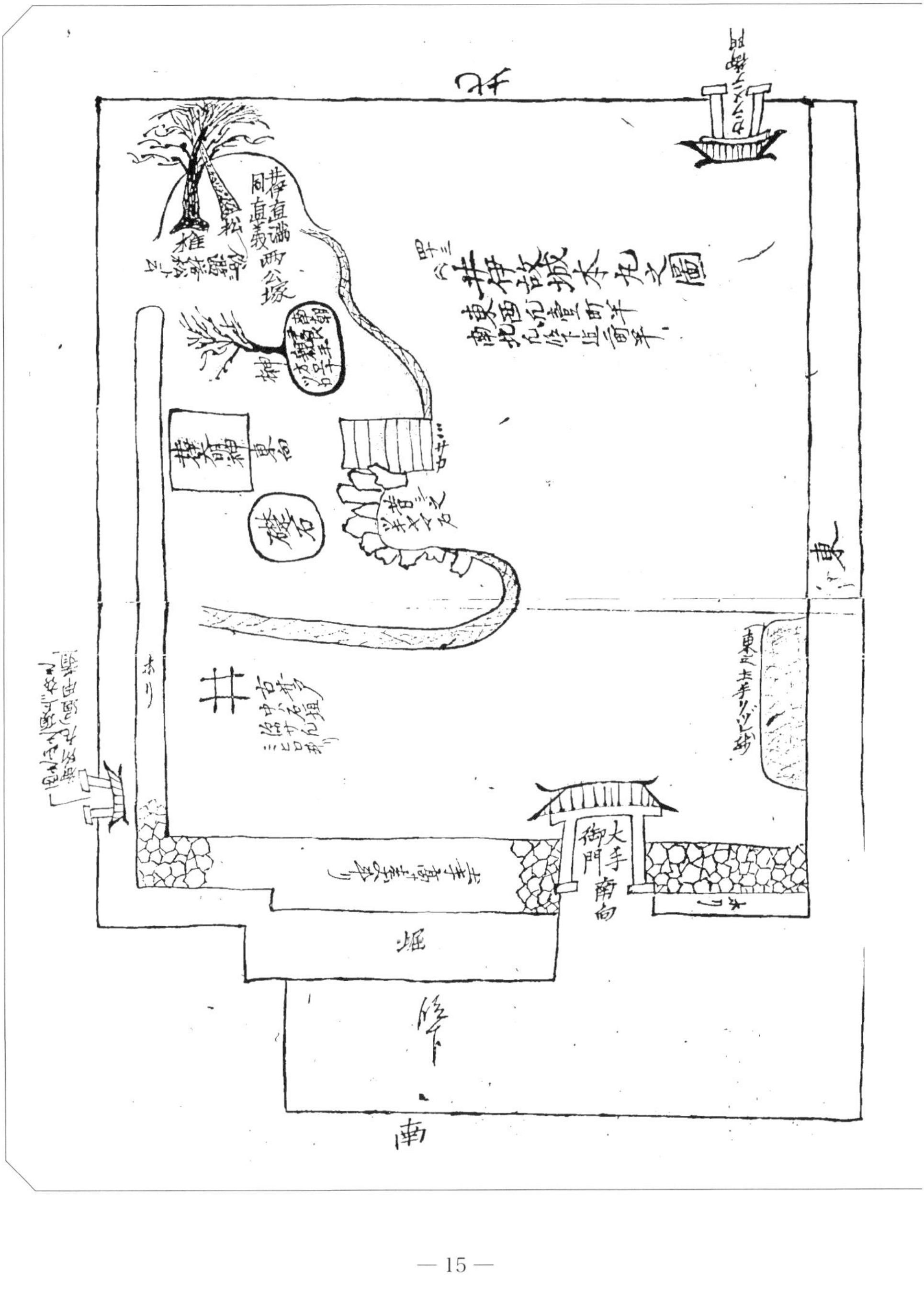
北
東
南
堀
ホリ
大手御門
南向

二　安倍城

暦応元年（延元三年、一三三八）十月二十九日の松井助宗軍忠状写（土佐国蠹簡集残編所収文書）に、「今年暦応元十月廿八日、於二駿河国安部（倍）城一、令二御共一、致二合戦一候訖、」云々とある。駿河守護今川範国の安倍城攻めに従軍した山城国御家人松井八郎助宗がその時の戦功を上申した文書である。

安倍城というのは、建武政権の武者所結番衆であった狩野介貞長（『建武年間記』）の城であり、この戦の翌年（延元四年）九月、宗良親王が幕府軍の攻撃が始まった遠江の井伊介の許より移ってきて次の年（暦応三年＝興国元）の秋まで滞在した。その歌集『李花集』に、次のようにある。

駿河国貞長が許に興良親王あるよし聞きて、しばしたち寄り侍りし頃、富士の煙もやどのあさげに立ならぶ心ちして、まことにめづらしげなきやうなれど、都の人はいかに見はやしなましと、まづ思ひいでらるれば、山の姿などゑにかきて為定卿の許へつかはすとて

みせばなやかたればさらに言の葉も及ばぬ富士の高ねなりけり

返し

思ひやるかたさへぞなき言の葉の及ばぬふしと聞くにつけても

同じ頃忠雲僧正がもとより、いかにもして下りてひなの住ゐみるべきよし申しおこせたりしかども、むなしく月日すぐし侍りしかば、申しつかはしける

清見がた浪の関守ひまもあらばまつとはつげよみほの浦風

かくて又の年の半まですみ侍りしかども、さすが又我が世へぬべき所にもあらねば、こゝをも立いで侍ら

んとせしに、狩野介貞長などやうのものども、夜もすがら名残惜みてさかづきたびたびめぐり侍りし程、過ぎにし方猶行末の事まで二心なきことなど申しあつめつゝ、はてはゑひなきなどせしかば、いつの程よりのなじみにかとあはれに覚えて、出でざまにそこの壁に書きおきし

身をいかにするがの海の沖の浪よるべなしとて立ち離れなば

かしこをば夜ふかく出で侍りて、おきつ（興津）といふ所は曙がたになりぬるに、霧もたえだえになりて、ゆたゝ見えたるいほざき（庵崎）の松原はさながら海の上にのこれり。吹きはらふ風のけはひもすさまじきに、いつて舟のはやく過ぐるも、波の関守にはよらぬかとみゆ。月は有明なれば、あくるもしらずおもしろくすみ渡りて、一方ならず見すてがたければ、せきのとにしばしたたずみ侍りしに、袖のうら風秋の夕べよりも身にしむ心ちせしかば

東路のすゑまで行かぬいほざきの清見が関も秋風ぞ吹く

さて安倍城址であるが、近世の地誌『修訂駿河国新風土記』安倍郡津渡野（村、静岡市葵区津渡野）の項に、「昔安倍の城と称せしは此村の地にて、其古城跡は今は民家のある所なり」とあり、『駿河志料』安部《（倍）》郡内牧（村、静岡市葵区内牧）の項には、「【狩野古城跡】里人カナドノと云、村の中ほどにあり」とある。

昭和八年発行の『静岡県郷土研究』第一輯に、沼館愛三氏の「安倍城の研究」が載っていて、安倍郡服織村慈悲尾村（静岡市葵区慈悲尾）の山頂（椎尾山、標高四三五米）を安倍城址と位置付けている（『駿河志料』には「此地何人の居城なりけん、さだかならず、今川家臣居住の地にて、福島氏の拠所なりとも云、」とある）。以後ここが安倍城跡と呼ばれるようになった。

しかし、後にはこれを否定する研究者もあり、その一人、川村晃弘氏は「安倍城再考」（『古城』42、平成八年七月）で、安倍城址を安倍川上流支流中河内川添の静岡市葵区奥池ヶ谷の城山（奥池ヶ谷城址）であると推定している。しかし私は川村氏も論考で注目している湯島城が、安倍城（安倍山中の城）の所在地を具体的に表した城名と考えている。

湯島城は、『満済准后日記』永享五年（一四三三）九月九日条に「自㆓駿河㆒、守護方注進両度到来了。狩野介城湯島城云々、今月三日責落了。奥城計ニ罷成、定退治不㆑可㆑有程歟、云々」とある城で、見崎閧雄氏が「安倍郡湯島城についての考察」（『古城』(1)、昭和四十九年五月）で、静岡市葵区油島の常山をその城跡と推定した。

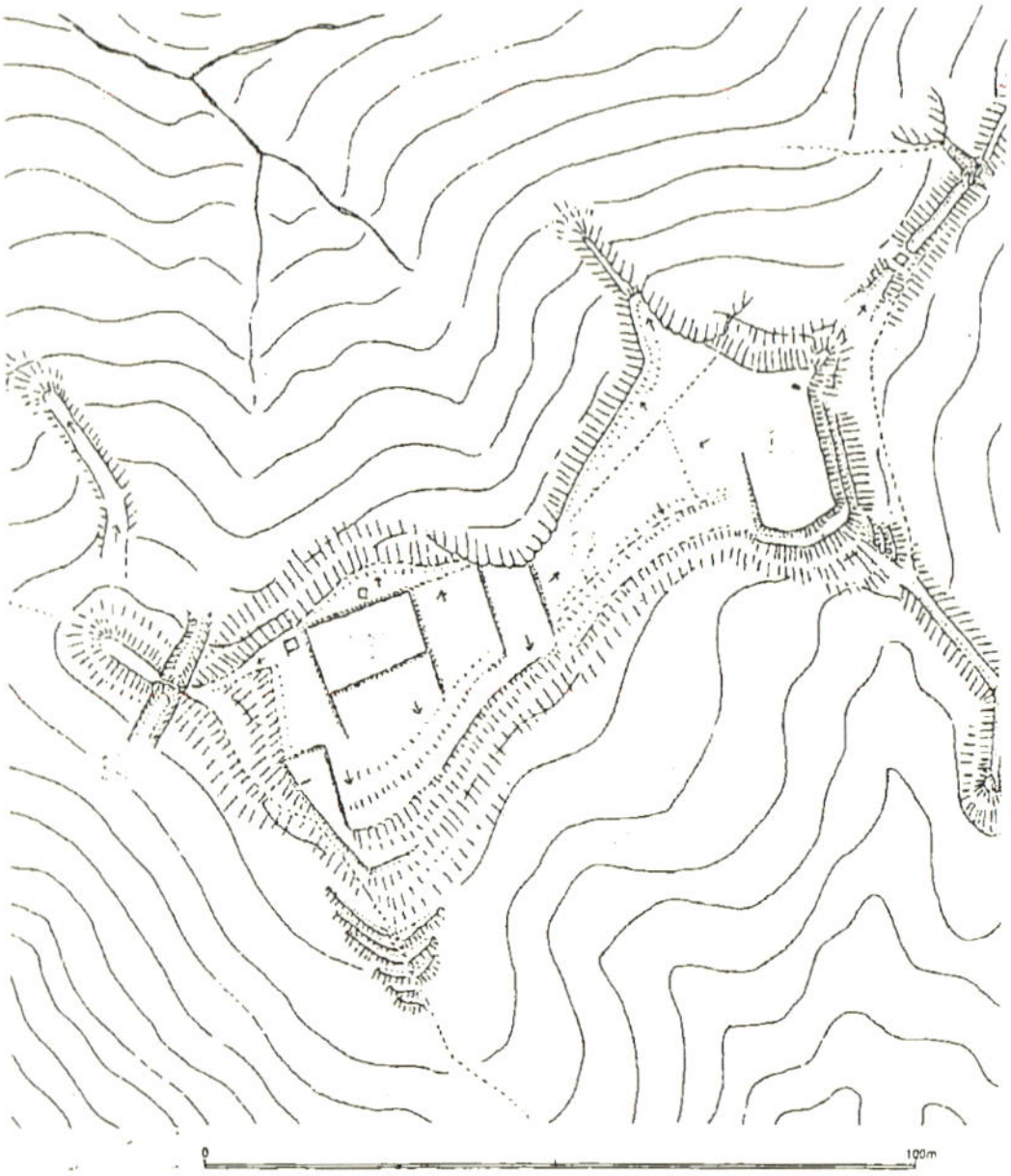

湯嶋城縄張図　調査・作図　水野茂　平成３年11月17日

興国元年（暦応三年、一三四〇）秋、宗良親王は駿河を発ち甲斐・信濃を経て越後に向かうが、親王の滞在していた狩野介の許が、湯島城、あるいはその付近であれば、安倍東《ひがし》山稜（安倍川の東に南北に走る山脈）の駒引峠（俵峰と西里の山上）を越え興津に出られるから、その距離凡そ六里ほど、『李花集』に狩野介の許を「夜ふかく出で侍り、おきつといふ所は曙がたになりぬる」も納得できる。

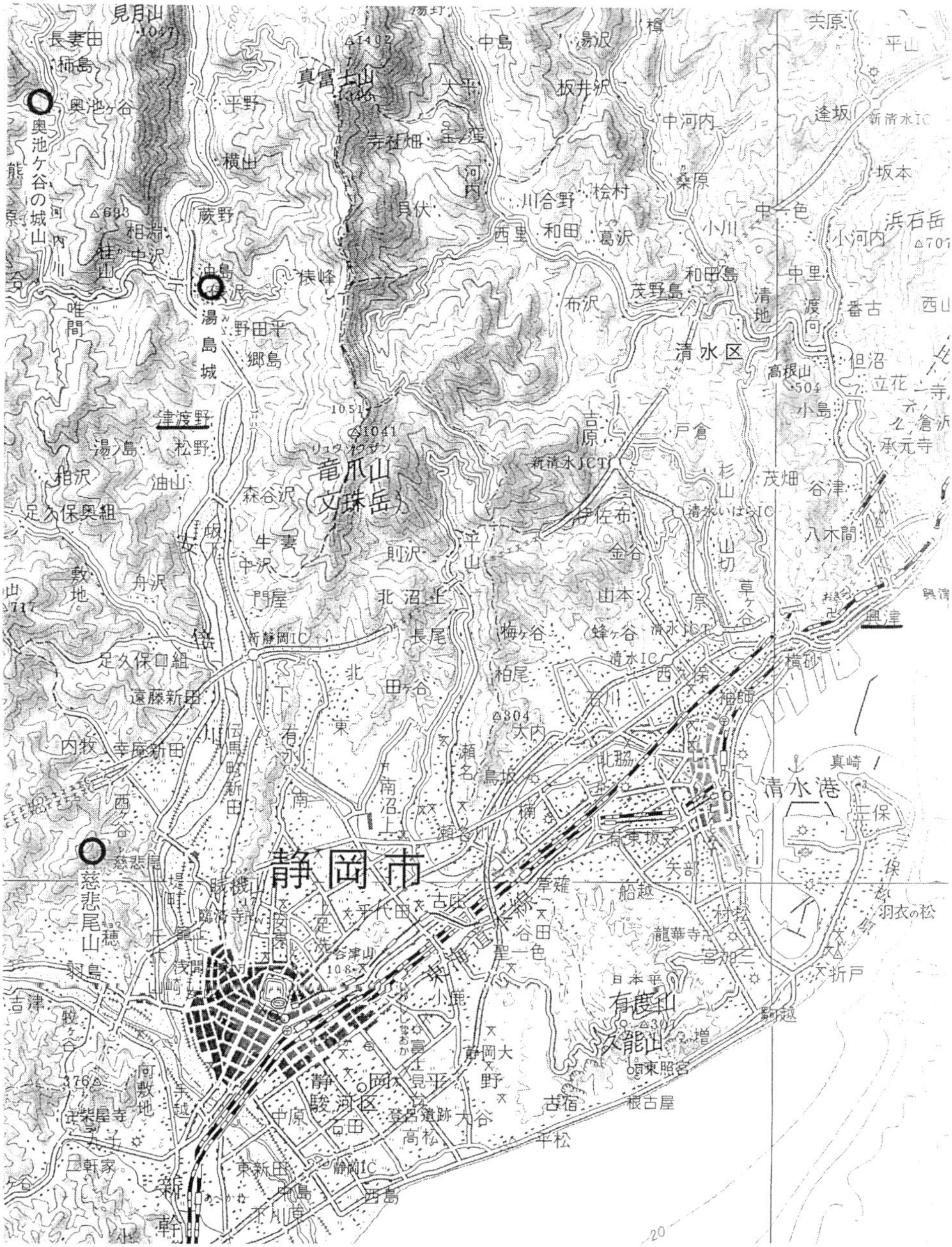

安倍山とその東部の地図

三　観応の擾乱と大津城

（この項は『地方史研究　大井川』第二号〈昭和五十三年〉の拙稿「大津城について」の転載である。）

（一）

京都大学文学部国史研究室所蔵の古文書の中には静岡県の中世史料として欠くことのできない「駿河伊達文書」と称される文書があり、総数百十八通。（系図を含む）その内六十四通は南北朝期から戦国末期までの中世文書で、系図と共に今川氏家臣伊達氏を知ることのできる重要な史料である。

＊この文書は、京都大学が昭和十年、某氏より購入して「駿河伊達文書」と称した。（当時七十四通）これより前、東京大学史料編纂所は岡山県旧美作国在住の伊達直平氏所蔵のこの文書を探訪・影写して「美作伊達文書」と称している。以下「伊達文書」と表記する。

これから述べようとする「大津城」は、この伊達文書の中の一通に書かれた城で、その文書によると、観応三年（一三五二）九月八日佐竹兵庫入道（故足利直義の家人）らの立籠った大津城が、今川範氏の軍勢に約半月間攻られこの日遂に落城した。という事実を知ることができる。

大津城の所在地については、島田市落合の通称「すもう段」といわれる比高二十メートル程の小山が城跡とされている。しかし、筆者は寧ろ落合の隣の野田にある比高九十メートルの「城山《じょうやま》」がその城跡ではないかと考えて、最近実地調査した。本稿はその調査結果の所見報告で、併せて大津城攻略に到るまでの歴史を南北朝分裂の時点まで遡って述べようとするものである。

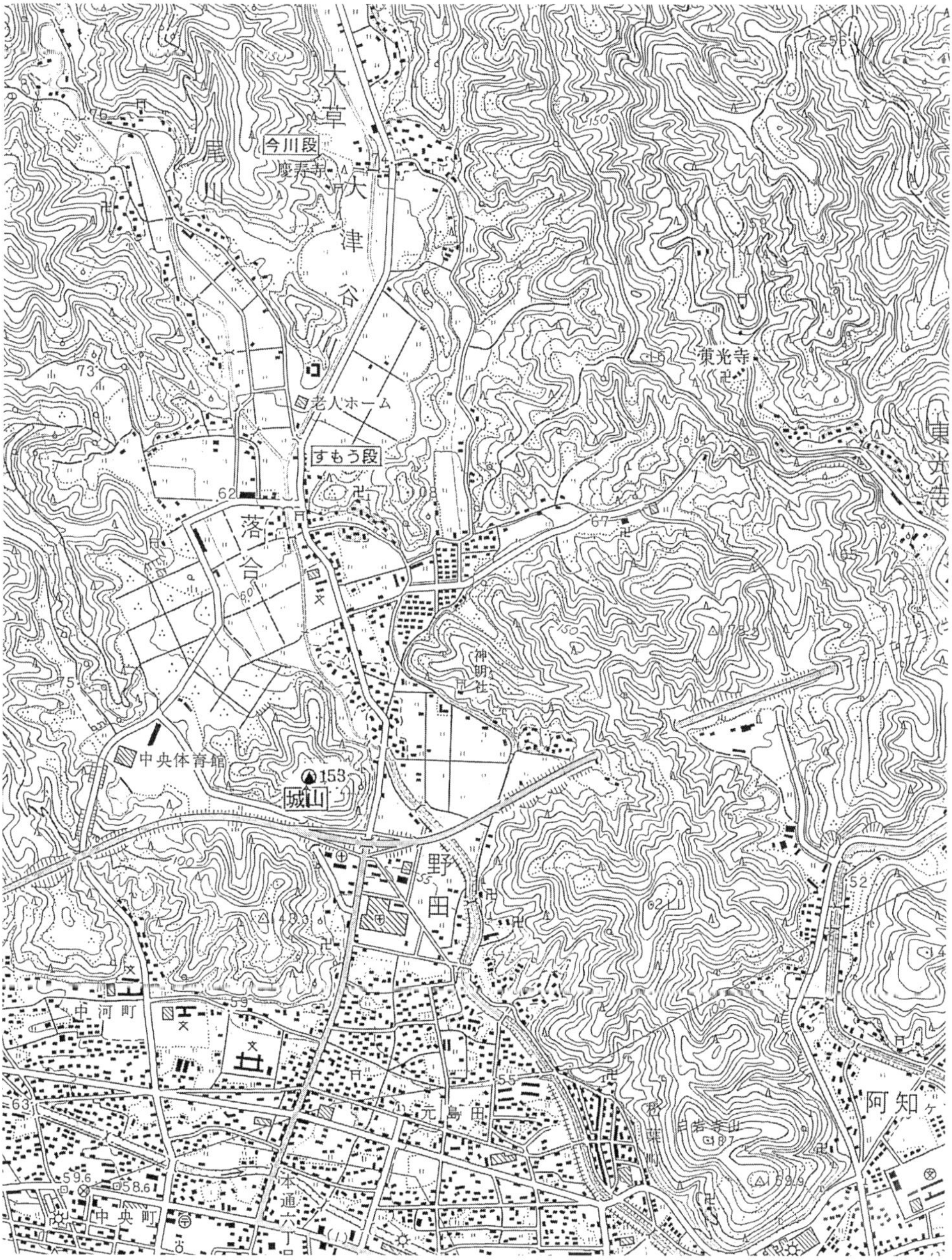
大草
今川段
慶寿寺
尾川
大津谷
老人ホーム
すもう段
落合
東光寺
神明社
中央体育館
153
城山
野田
中河町
元島田
中央町
阿知ケ

大津地域の地図

（二）

大津城攻略のあった年より十六年前の建武三年（一三三六）のことである。この年の春、建武政権（後醍醐天皇の下に行なわれた天皇政治）に反した足利尊氏は京都を追われ九州に走った。尊氏は九州で勢力を挽回して四月東上を開始した。これを阻止しようとした新田義貞・楠木正成らと五月摂津兵庫（兵庫県神戸市兵庫区）で戦いこれを敗った。正成の戦死と義貞の敗走が京都に伝わると後醍醐天皇は直に比叡山に遷幸した。

尊氏は六月光厳上皇（北条高時により天皇となったが現在は天皇の代数には入っていない）を奉じて入京し上皇に院政を開かせるとともに上皇の弟豊仁親王を天皇に擁立した。光明天皇である。そうして尊氏は比叡山の後醍醐天皇に還幸を申入れた。その条件は光明天皇に譲位する代わりに今後は前代のように大覚寺・持明院両統が交互に即位するというものであったらしい。後醍醐天皇はこれを受入れて十月下山した。

＊鎌倉時代、皇室が後深草天皇系の持明院統と亀山天皇系の大覚寺統の二統に分かれ、交互に皇位についた。
　後醍醐天皇は大覚寺統、光厳天皇は持明院統。

足利尊氏は幕府を開くために是円（中原章賢）房道昭ら当代一流の法律家・修学者たちにその基本政策を諮問し、それに対する答申が建武三年十一月七日発表された。「建武式目」の制定である。室町幕府の創立を一般にこの時とする。

これより前、光明天皇の践祚の直後、尊氏は隠遁して弟の直義《ただよし》に地位を譲ろうとしたが彼を支持する勢力がこれを許さなかったのか隠遁が実現しなかった。このため尊氏は地位を二分して一半を直義に与えた。

室町幕府は創立期において二頭政治であるといわれるのはこのためである。

＊尊氏は、全国の武士を家来として従属させる武家の棟梁となり、直義は、全国を統治する政務の総轄者と

なった。即ち尊氏は軍事指揮権と恩賞権を、直義は民事裁判権と所領安堵権を掌握したのである。建武式目が制定されて一ヶ月半をすぎた十二月二十一日の夜、突如後醍醐天皇は京都より姿を消した。それは北畠親房の手引により吉野山（奈良県）に潜幸したのであった。

こゝに朝廷は分裂し、これ以後半世紀にわたって北朝・室町幕府勢力と南朝勢力との対立抗争の時代、いわゆる南北朝時代がはじまるのである。

室町幕府の創立期は二頭政治であったことは前述したが、この二頭政治は幕府内部で矛盾となってあらわれ対立を発生して二派が形成されるようになる。それはまず高師直と足利直義の対立からはじまった。高師直は足利家譜代の家臣で、幕府が開かれると将軍（尊氏）の執事となった。将軍の執事といえば将軍の命令を下達し全国の武士たちからの申請・嘆願などの上申をすべて取り扱う立場にあり、その勢力は絶大なものであった。その上彼は徹底した権威・秩序への否定思想の持主であったので、直義の前代執権政治を理想とし法秩序を重視する考え方とは合入れないものがあった。

この二人の対立は幕府内部に師直派と直義派が形成され、ついには流血の内部抗争に発展していくのである。貞和五年（一三四九・幕府創立より十三年目）閏六月、直義は尊氏に迫って師直の執事職を罷免させた。八月師直は直義を討とうとして兵を集結したので直義は尊氏の邸に逃げこんだ。師直は尊氏邸を包囲して直義の政務を停止させ、鎌倉に居る尊氏の子義詮を上洛させこれにかえることを迫った。この時尊氏邸に駆けつけた直義派の兵力は、師直軍の半分に及ばぬ劣勢であったので、尊氏はこれに屈して和解。十月に入り鎌倉の義詮が上洛したので直義は政務のすべてから手を引き、十二月出家してしまった。

翌観応元年（一三五〇）十月、長門探題であった足利直冬（尊氏の子で直義の養子）が幕府に対して挙兵した。直冬は、高師直のクーデターを聞くと九州に入り、そのほとんどを制圧し大勢力となっていたのである。

この報を受けた尊氏は直冬討伐のため義詮を京都に残し、師直らを率いて九州に向けて出発した。この隙に出家して政務を離れていた直義が京都を出奔して河内の畠山国清に迎えられ、師直追討の兵を募った。桃井直経・石塔頼房・吉良貞氏らが直義に応じたので、直義は京都に進軍した。京都の義詮は尊氏の許へ走り合流して、尊氏と共に京都へ引返した。これを受けた直義は翌年正月尊氏らを京都で敗り敗れた尊氏は丹波に退き、つづいて播磨でも大敗して摂津に追詰られてしまった。尊氏は師直の出家を条件に直義に和談を申入れ、直義が承諾したので上洛した。

＊この上洛の途上、直義派の軍勢は師直を襲って殺してしまった。

二月、尊氏は入京して幕府政治は、直義が義詮を助けて政務を行うという表面上の平和がおとずれた。しかし、その実権は直義派に掌握されていき必然的に義詮、直義の対立となっていった。七月両者の対立は表面化して直義は京都を逃れ北陸に走った。北陸へ走ったのは北陸一帯の守護職を彼の一党がかためていたからである。直義は北陸で軍勢をあつめ京都に迫ったが、九月尊氏・義詮と近江で戦い大敗して北陸を経て十一月鎌倉に入った。

直義と高師直の対立の時は幕府内部の問題であったが今度は直義対幕府の対立となり、従来よりの南朝勢力があるので天下は三者鼎立の勢力分布となった。これを「観応の擾乱」という。

尊氏は直義を討つため南朝と手を結び十一月京都を義詮に任せて東海道を下った。駿河蒲原・伊豆国府で直義軍を敗り、直義が降伏したので鎌倉に入った。時に観応三年（一三五二）正月であり、翌二月尊氏は直義を毒殺した。
以上の記述の多くは次の文献によった。
佐藤進一『南北朝の動乱』（日本歴史9中央公論社）
佐藤和彦『南北朝内乱』（日本歴史11小学館）

（三）

ここで観応二年（一三五一）七月頃まで遡り、今度は駿河と今川氏を中心にみてみよう。

当時駿河守護職は今川範国で、西の遠江・三河は範国と同じ尊氏方の仁木義長、東の伊豆は直義党の上杉能憲、相模も同じ直義党の三浦高通であった[1]。そして三河・遠江には吉良満義、駿河には石塔義房の直義党勢力が残っていて、駿河にはさらに南朝勢力と思われる狩野・中賀野・入江の諸氏がいた。

駿河守護今川範国は尊氏に従い京都に居たので子の範氏が父のかわりに府中（駿府）の守護所に在国していたようであり[2]、その年の九月九日、伊豆守護上杉能憲が駿河に攻込むとの報告が今川範氏の許に届いた。範氏は直に発向して十一日駿東郡車返宿（沼津市）で、上杉勢と戦ったが敗れ追撃されて、駿府までも放棄するに至り、宇津谷の西まで退却したらしい[3]。

十一月に入り中賀野掃部助・入江駿河守（清資）を大将とする軍勢が府中に陣を布いた。そのため範氏は十六日志太郡小河（焼津市）で軍勢を整え、小坂山を越えて長田荘（静岡市西部）で長田五郎次郎と戦い屋敷を焼払い同日府中に討入った。中賀野・入江の軍は有渡山麓まで押され、ここで大撃戦が行なわれ範氏勢は勝利をおさめた。敗れた中賀野・入江氏は平沢を溯り久能寺城に引籠ってしまった[4]。この後彼らの反撃はみられない。範氏勢はこの後東方に進み薩埵峠（由比町）に陣を布き鎌倉・伊豆方面の直義党に備えた。これは尊氏が東上してくるのを待つためでもあった。

十二月十三日尊氏軍は薩埵峠に到着した。この軍には範氏の父範国も加っていた。同じ日尊氏は薩埵山の北、由比山桜野に陣を移し、ここに富士川を下り十一日に蒲原河原で直義党の軍勢を敗った信濃守護小笠原政長も到着し合流した。敵直義軍は上杉能憲・三浦高通・石塔義房・同頼房を大将として内房（富士川町）方面より尊氏の軍に迫り、二十七日両軍は激戦、勝った尊氏軍はこれを追い伊豆国府（三島市）まで進んだ。国府にいた直義は南に逃れ伊豆北条（韮山町）へ退いた。一方、関東より直義軍の背後を攻めた尊氏党の宇都宮公綱の軍は各地で直義党の軍勢を敗り足柄峠を越えて伊豆国府の尊氏軍と合流した。直義はこの形勢をみて降伏したので尊氏は翌正月五日鎌倉に入った(5)。

尊氏に従い鎌倉に入った今川範氏は正月八日府中浅間神社と久能寺に天下泰平の祈禱をするよう書送り、さらに十六日には禁制を下した(6)。

二月二十五日尊氏は守護職の人事移動を行った。今川範氏は遠江守護に補任され、翌閏二月十二日には管国内の闕所の自由処分権をも与えられた(7)。

また、範氏の父範国は、この頃より引付頭人を務めている(8)。

二月二十六日尊氏は直義を毒殺した(9)。しかし直義党が消滅したのではなく、この後もまだしばらく各地で抗争を続ける。尊氏が直義を殺した二月二十六日、南朝の後村上天皇は大和賀名生（奈良県南部）を出発して翌閏二月十九日には京都男山八幡まで本陣を進め(10)、各地に反抗指令を下した。

関東では上野（群馬県）の新田義興、義宗兄弟らが閏二月十五日挙兵して鎌倉に迫ったので、十七日尊氏は鎌倉を発向し武蔵神奈川（横浜市）に布陣、入替りに新田軍は鎌倉に入った。

十九日　尊氏武蔵谷口（南多摩郡）に着陣。新田義宗鎌倉を発向し、武蔵関戸（府中市）に着陣[11]。

二十日　金井原（小長井市）・人見原（府中市）にて合戦、新田義宗敗れて北に向って逃れる。

二十三日　新田義興鎌倉を出て三浦（三浦市）に赴く。

二十五日　尊氏の将石塔義基（義房の子）ら、府中を発って鎌倉に入る。

二十八日　これより前、新田義宗、諏訪直頼の奉る宗良親王らと合流して、この日小手指原（所沢市）・入間河原（狭山市）で尊氏と戦い敗れる。

同日、新田義興鎌倉に入り石塔義基らを敗る。

三月二日　新田義興ら、鎌倉を出て足柄郡河村城（山北町）に向う。

十二日　尊氏鎌倉に帰る[12]。

河村城に拠った新田義興らの軍は、この後翌文和二年（一三五三）七月まで尊氏を鎌倉に釘付する役目を果した。

註⑴佐藤進一『室町幕府守護制度の研究』上

⑵伊達文書、観応元年十二月、日「遠州凶徒等寄来当国之由依有其聞今月廿二日藤枝宿御発向……自府中告中之間、同廿三日自藤枝有御帰」

⑶伊達文書、正平六年十一月　日　伊達景宗軍忠状

⑷右同

中丸和伯「骨畑の謎をめぐって」（『物質文化』20）

(5)伊達文書、正平七年正月　日伊達景宗の軍忠状

小笠原文書、正平六年十二月十五日足利尊氏御判御教書

『太平記』巻第三十〈薩埵山合戦事〉

町田文書、正平七年正月　日高麗経澄軍忠状

(6)旧久能寺文書、（『静岡県史料』二編）

『鶴岡社務記録』

浅間神社文書、（『　〃　』三編）

(7)佐藤進一、前掲書

(8)川添昭二「遠江・駿河守護今川範国事蹟稿」（『荘園制と武家社会』）

(9)『常楽記』（『群書類従』）

『諸家系図纂』足利家将軍系図

(10)『祇園執行日記』正平七年閏二月十九日条「主上自天王寺今日行幸八幡」

(11)『園太暦』文和元年三月四日条所引新田義宗注進状案、「新田注進、後日見及之間続之、注進今月十五日於上州揚義兵、同十六日対治国中凶徒、同日打越武州、打随当国凶徒、十八日攻入鎌倉之処、尊氏已下凶徒已没落、楯籠武州狩野河候之間、今日十九日発向彼方仕候」

(12)『大日本史料』に所収された文書。記録により作成。『太平記』巻三十一の記事は錯誤の部分が多く注意を要す。

(四)

文和元年(一三五二)二月二十五日今川範氏は遠江守護職に補任され(今川家古文章写)、翌閏二月二十四日、駿河・遠江の反尊氏党(南朝・直義党)の退治を命ぜられた(伊達文書)。この時範氏は武蔵府中(東京都府中市)に在陣していた足利尊氏の許に居たようである。

範氏の遠江守護在職は短期間で、その後は父範国が駿河とともに遠江の守護職を兼任した。それは範氏を軍事活動に専念させるためと思われる(1)。

七月二十一日範氏は大津庄(島田市)東光寺に禁制を下している(2)。

禁制　　東光寺

右、於当寺軍勢甲乙人等、不可致乱入狼籍。若有違犯之輩者、可処罪科之状、如件。

観応三年七月廿一日　　上総介(花押)

これより先、直義党石塔義房の家人佐竹兵庫入道らが大津庄の大津城に立籠ったためこれを攻めるためである。範氏は伊達右近将監景宗らを率いて八月二十日大津城に向った。大津城の敵も必死の抵抗をしたので容易に城は落ちず、約半月強の日時を費し翌九月八日に到り漸く敵を追払うことができた。

このことを知ることのできる伊達文書を次に示す。

目安

伊達右近将監景宗軍忠事

右、去八月廿日為大津城責御発向之間、御共仕、連日合戦致忠節之処、今月八日当城凶徒佐竹兵庫入道藁科以下令没落訖、然早賜御判欲備後証粂仍目安言上如件

観応三年九月十日

「承了（花押）」

〔訓読〕

目安《めやす》　伊達右近将監景宗軍忠の事

右、去る八月二十日大津城責めとして御発向の間、御共仕《つかまつ》り連日合戦を致し忠節の処《ところ》、今月八日当城の凶徒佐竹兵庫入道・藁科以下を没落せしめ。然れば、早く御判を賜り後証に備えんと欲す、仍って目安言上件の如し。

＊軍忠状とは古文書学の上での分類で、戦いに参加した武士が自分の戦功を書きあげた文書を自軍の大将や軍奉行に提出して証判を請い返却をうけて忠勤を励んだ証拠とするものである。先に掲げた軍忠状の最後の行の「承了（花押）」は、その証判で今川範氏の自筆である。

大津城に立籠った佐竹兵庫入道は石塔義房の家人で(3)ある。石塔義房は足利氏の一族で建武中興で足利尊氏が駿河・伊豆守護職に補任された時に守護代となり、室町幕府成立後駿河・伊豆守護職に補任された。当時既に出家していて法名を義慶といい少輔四郎入道と呼ばれた。建武五年（一三三八）両守護職を罷職されその後奥州鎮将として奥州の南党征伐の任にあたった(4)。貞和元年（一三四五）足利尊氏は奥州鎮将を吉良貞家に替えたので義房はこれを恨み直義派に属するようになったという。観応元年（一三五〇）尊氏、直義の第一次分裂

期、解後直義により伊豆守護職に再任され翌年第二次分裂までこの任にあった。文和元年（一三五二）一月尊氏が直義を敗り鎌倉に入ったので尊氏に降った。しかし新田義興らの鎌倉攻の時義興側に寝返り、義興が相模河村城に退却する時もこれに従い、その後駿河に潜入した。四月京都男山八幡の南軍後詰のため駿河より⑸西上の途につき美濃洲俣（岐阜県）で吉良満貞とともに美濃守護土岐頼康の代官と戦っている⑹が、五月に入り男山八幡の南軍本営が落ちてしまい後村上天皇以下は大和賀名生に逃げ帰ってしまった。このため石塔義房・吉良満貞らは伊勢を経て大和の南軍の本拠地に入ったが⑺、その後は不明である。

さて、佐竹兵庫入道は、これより前の観応元年十二月佐竹兵庫亮と伊達文書に見え（初見）、この時、安倍城の狩野氏とともに府中（静岡市）で今川範氏と戦っている。大津落城により逃れて徳山城（島田市川根町と川根本町との境界線上の無双連山上）の鴇《とき》彦太郎と合流した。しかし、翌文和二年（一三五三）二月徳山城も今川範氏に攻め落されて鴇彦太郎とともに没落してしまった⑻。

註⑴佐藤進一『室町幕府守護制度の研究』上
　川添昭二「遠江・駿府守護今川範国事蹟稿」（『荘園制と武家社会』）
⑵東光寺文書（『静岡県史料』三編）
⑶伊達文書、文和二年二月　日伊達景宗軍忠状
⑷佐藤進一、前掲書
⑸『太平記』巻第三十一
⑹『園太暦』文和元年四月五日条「又聞、熱田大宮司昌能、蜂屋、原等輩幷吉良、石塔等一揆与みの守護

代合戦、以外有力之間守護代引退洲俣橋示可賜勢之由」
(7)同、文和元年十月二日条等
(8)伊達文書、文和二年十月　日伊達景宗軍忠状

(五)

大津城の所在地については、昭和二年発行の『静岡市史編纂資料』（第一巻）に「今志太郡大津村落合」とあり、現在の島田市落合に城跡が存在するように記されたのが管見のかぎり初見である。たゞし所在地を落合地区の何処と具体的に述べていないのは残念である。（おそらく次に述べる「すもう段」であろうが、）

ところで落合地区にあったという城は、昭和六年発行の『島田・大津・大長・六合四ヶ町村郷土史資料上巻（紅林時次郎著）』に、今川範氏が「落合城主（大津村落合）土岐四郎左衛門と戦って利あらず敗北し援を東光寺僧兵に乞ふて力を借り、再挙落合城を攻め落した」とあり、その城跡は落合の「すもう段」といわれる丘陵であるとしている。しかしこの史話は、江戸後期の地誌『駿河記』（一八二〇年成立）『駿国雑志』（一八四二年成立）『駿河志料』（一八六一年成立）などには見えず、大正二年編纂の、『大津村誌』（曾根忠治・宇田川万之助・横山甚作編）にも何らそれらしい記事はない。これらのことにより筆者は、前記落合城に関する記述は、古くからの伝承ではなく、昭和初年頃、伊達文書に見える大津城のことが郷土に知られるようになってから発生した史話ではなかろうかと推測している。

さて、昭和十四年発行の鷺山恭平「西駿に於ける今川史蹟調査　其の一」（『静岡県史蹟名勝天然記念物調査報告　第十三集』所収）を見ると、

大津城又落合城　高二十米位の小山なり。麓に標識あり、大津村落合にあり。建武延元の頃土岐山城守の一族、土岐四郎左衛門城主たり。正平七年今川範氏之を攻む。此時対手は佐竹入道藁科某なり。

として、大津城と落合城を同じものと明記している。以後これが通説となってしまった。

いわゆる落合城跡といわれる「すもう段」は落合地区の東部に聳える比高五十メートルの山が西に舌状に張り出している丘陵部分（比高二十メートル）である。

筆者は、この「すもう段」を調査してみたが、城郭の遺跡と思われるものは発見できず、地形上及び占地条件からも城郭遺跡とすることに強い疑問をいだいた。そこで伊達文書の大津城跡求めるべく大津地域を踏査した結果、野田地区にある「城山（じょうやま）」がそれではないかと考えている。

城山は、標高百四十九米、比高約九十米あり、前に述べた「すもう段」の南一キロ足らずの距離のところに聳えていて、頂上より大津地区が一眺できる。

その頂上は平地になっていて、それは北西より南東に長い楕円形で、最長部で約四十五メートル。最短部で約二十五メートルある。（中心部が約五十センチ程高く一辺約十メートルの正方形の段がある。）

頂上よりの尾根は北、西、南東の三方向に下降しながらのびていて、北の尾根は頂上の平地先端より約三十メートル程ゆるやかに下ったところで垂直に約三メートル落ち、長さ約三十メートル・巾約十米の平地となり、その先はV字形に分かれ急降下した尾根となる。西の尾根は北の尾根とくらべると傾斜は鋭く頂上平地先端より約五十メートル下ったところより急降下している。南東の尾根は東側と西側より回る帯状の段丘が入れ違いに二段となり、その先端が約七メートル程垂直に落ち長さ約二十メートル・巾約八メートルの平地となり、その先端高さ約十メートルの絶壁を経て東にゆるやかに約五十メートル程下った先で急降下する。この尾根以外のところは傾斜角四十度以下の斜面となっている。現況はおおよそ東側半分がみかん園で、西側半分が森林である。

ところで、当時（南北朝期）の城はどんなものであったであろうか、それについては最近の研究として石丸熙氏の「『太平記』と城郭」（『北大史学』第一七〇号）があるので一部引用させていただく。

城郭の形態は、一般に城の占地形態から観て、平城、山城、平山城の三型に分けられるが、『太平記』には、「平城」は登場するものの、「山城」の用例はない。それは、南北朝時代には城郭と言えば山上に築くのが普通であり、「平城」はむしろ特殊な形態であったことを現すものと思われる。

その中で、『太平記』が城の形態にも触れている上赤坂城と千早城に関する記事を引くと、前者については、「此城三方ハ岸高シテ、屏風ヲ立タルが如シ。南の方許コソ平地ニ継ヒテ、堀ヲ広ク深ク掘切テ、岸の額ニ屏ヲ塗リ、其上に櫓を掻双べ」ていたとあり（巻6　赤坂合戦事）、後者については、「此城東西ハ谷深ク切テ人ノ上ルベキ様モナシ。南北ハ金剛山ニツヅキテ而も峯絶タリ。サレドモ高サ二町許ニテ、廻ハ一里二足ヌ小城」であったという（巻7千劒破城軍事）。

いずれも自然地形が要害である山地に位置していることが特徴であり、その上に人工物として、堀・屏・櫓などを備えていたことが知れる。『太平記』の時代は、城郭と言えば山城形式が一般的であったが、その存在形態または機能の点では集合的なものと独立的なものに区別しえること、また、日常的私的な館と戦時の「攻ノ城」の組み合わせの成立は、この時代を起点としていることなど指摘できる。

このような観点によれば「城山」の立地は南北朝期の城の存在した場所として何ら不都合はないようである。

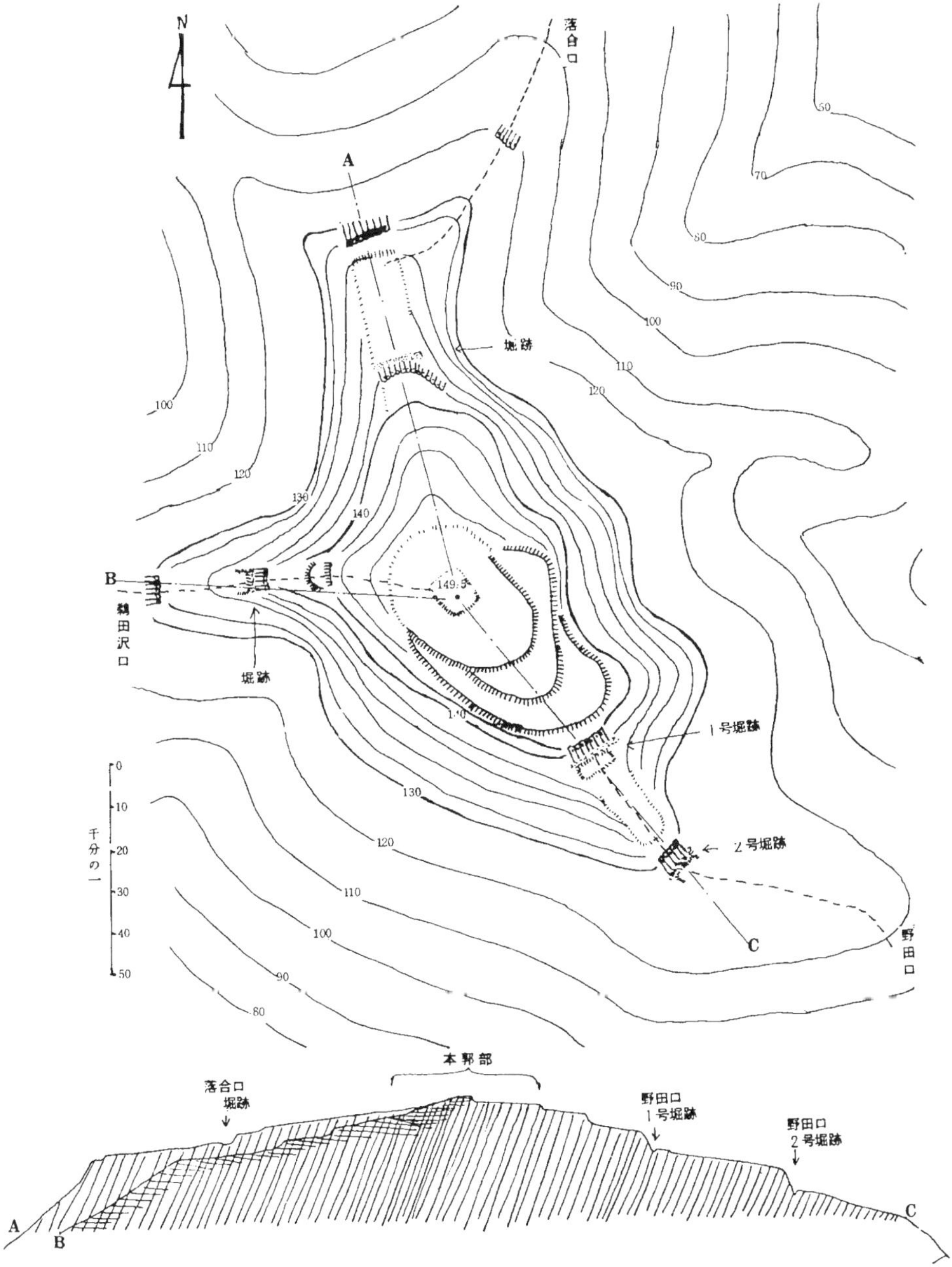
N
落合口
堀跡
A
B
鶴田沢口
堀跡
149.5
1号堀跡
2号堀跡
C
野田口
千分の一
0
10
20
30
40
50
本郭部
落合口
堀跡
野田口
1号堀跡
野田口
2号堀跡
A
B
C

大津城跡図

そこで、この山をもう少し詳しく調べてみると三方の尾根に掘切の跡と思われる所もあり、その近くに「堀の段」という小字が残っている。

大津城跡を城山とすれば伊達文書にみられる通り、落城まで約半月強の日時を費したことも納得できる。ところが、伝承は南北朝時代のことには何一つ触れず「永緑年中、武田氏の臣初鹿野信昌、築き居す」(『駿河記』『駿国雑志』)として戦国末期の城跡としている。しかし、これを傍証する史料もなく、当時の周辺の軍事的状況を具に検討しても、武田氏がここに城を築いた可能性は薄い。後考を待つ。

《付記》城山の調査には、本会々員の鈴木正一氏、花沢且太邸氏の協力に負うところ大であったことを記してここに御礼申し上げます。

四　護応土城と徳山城

（この項は『本川根町史　通史編1』（平成十五年発行）〈Ⅲ特論〉の拙稿の転載である）

護応土《ごおうど》城と徳山城は、南北朝時代の文和二年（一三五三）二月の伊達景宗軍忠状（駿河伊達文書）に見える城である。足利尊氏と弟直義《ただよし》の対立に南朝勢力が絡んで繰り広げられた騒乱、「観応の擾乱《かんのうじょうらん》」の時期に、徳山の土豪であった鴇《とき》彦太郎の許へ、大津城（島田市野田）を逐われた佐竹兵庫入道らが逃げ込み、鴇彦太郎とともにいわゆる徳山城（川根本町と島田市川根町の境界線上の無双連山上）に立て籠もり、徳山城の出城として護応土城（川根本町東藤川）や萩多和城（静岡市葵区相俣カ）を構えて守備を固めた。佐竹兵庫入道は直義派の石塔義房の家人で、前年大津城に拠っていたが駿河守護今川範国の子範氏に攻略され、逃れて徳山の鴇彦太郎の許に入り、彦太郎と同盟して徳山城に立て籠もったのである。兵庫入道が彦太郎の許に至ったということは、それ以前から兵庫入道と彦太郎は何らかの関係があったのであろうが、それについては全く不明である。

伊達景宗の軍忠状によれば、文和二年二月十日、駿河国府中（静岡市の中心部）を発向した今川範氏は藁科川沿いに攻め上がり、先ず萩多和城を抜き、十三日には護応土城を陥れ、十八日から本城徳山の攻撃に移り、二十五日に至って鴇彦太郎一族および佐竹兵庫入道以下を没落せしめたという。

㈠護応土城の遺跡

護応土城跡については必ずしも明らかでないが、「合戸」という地名で呼ばれている川根本町東藤川（上藤川、中心部を小長井と云う）の富士城集落北方の峰の頂上（標高九九五㍍）辺りであったと思われるのである。こ

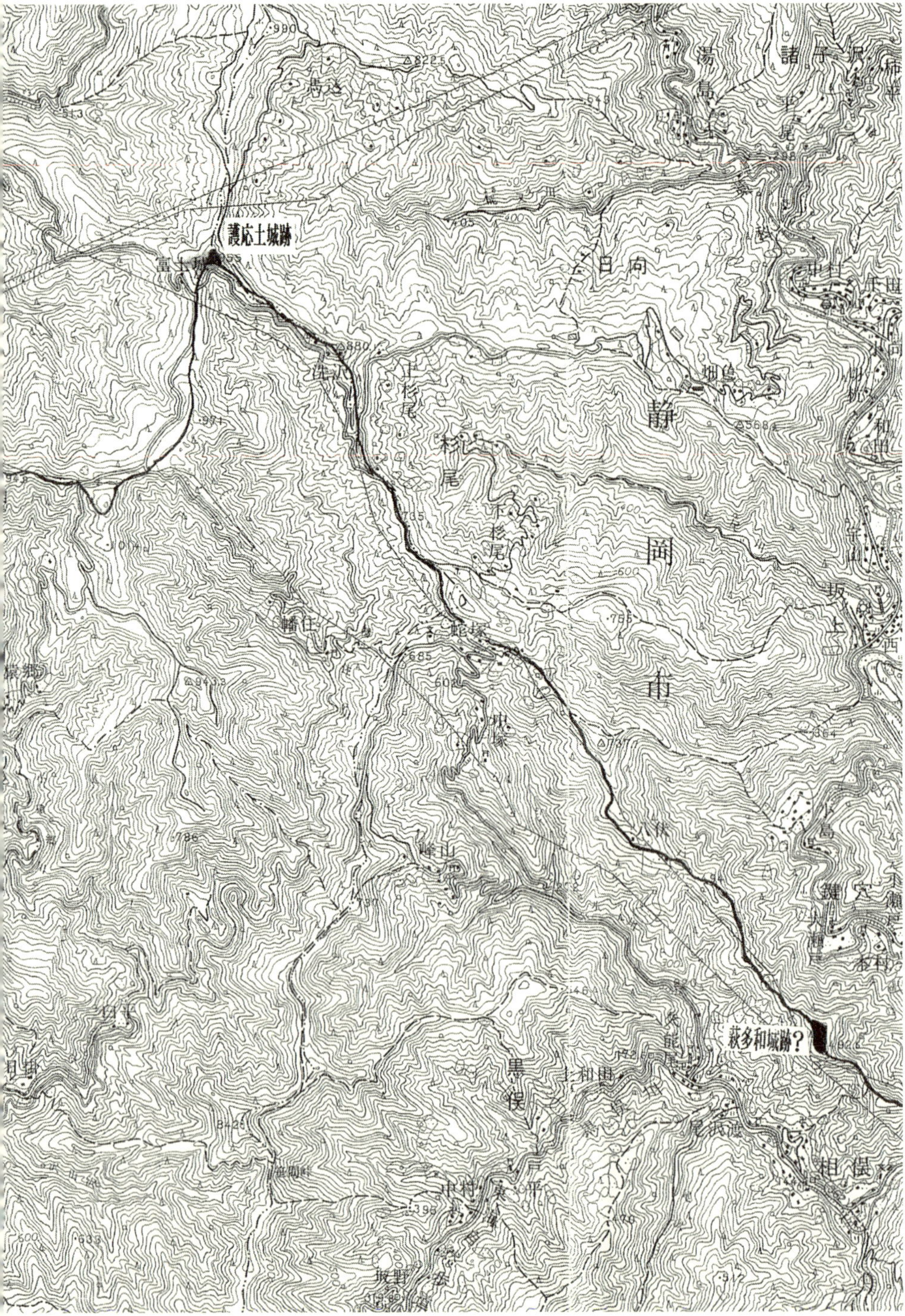
護応土城跡
萩多和城跡？
静
岡
市
湯島
諸子沢
日向
杉尾
蛇塚
黒俣
相俣
坂野

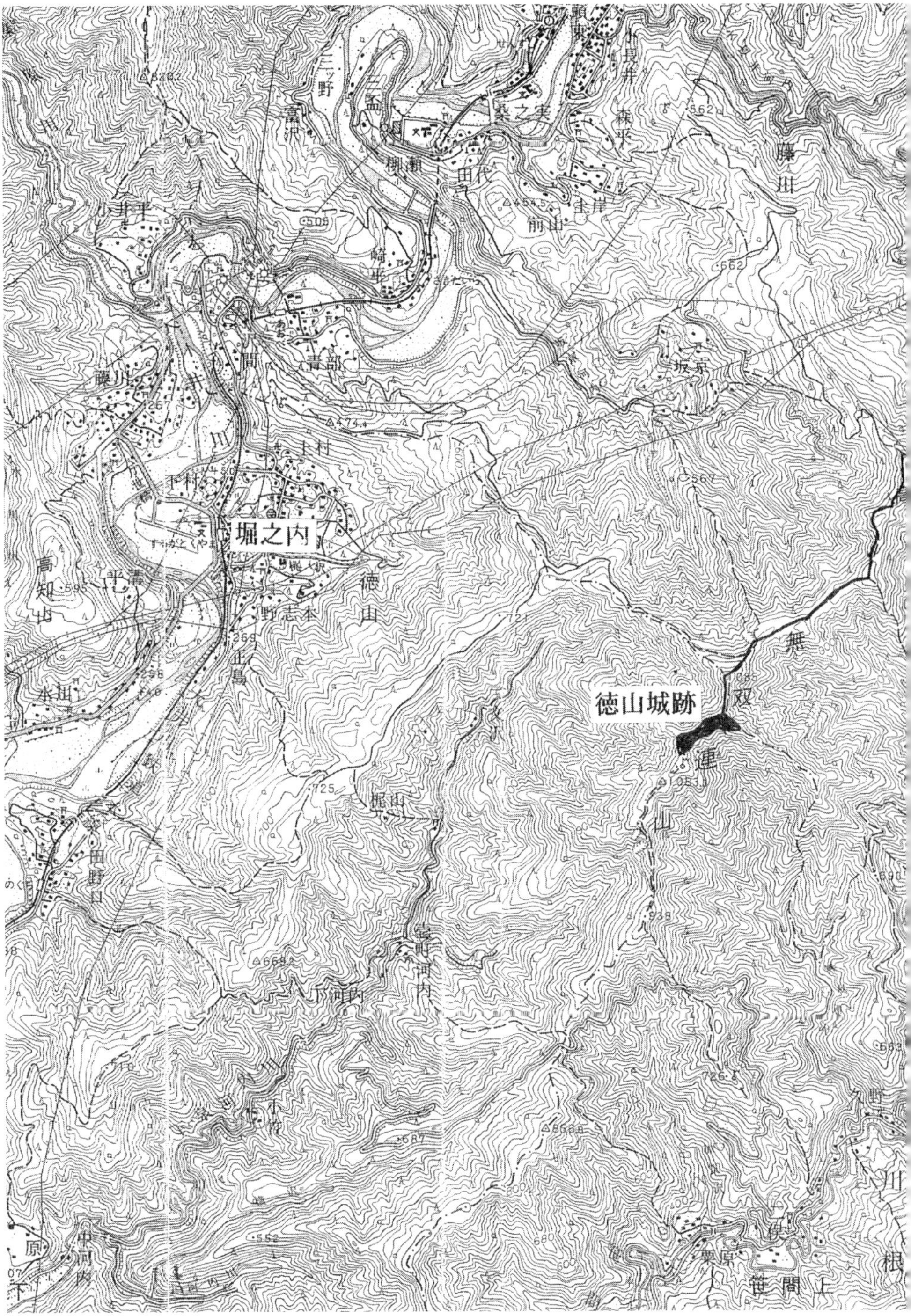

護応土城・徳山城付近の地図

こは千頭・小長井と静岡を結ぶ旧道の峠に当たり、峠の南直下を現在は国道三六二号線が通過していて、地形は先に提示した地図に見る通りである。

現在、この辺りには堀切や切岸、削平地など明確な城郭遺跡はみられないが、駿河府中（静岡市中心部）から徳山城を攻めるために進軍するとすれば、この峰から東に伸びて藁科川に向かって下降する尾根上を走る尾根道（川根街道）を攻め登り、この峰を経て徳山城へ向かうのが道順である。したがって東から徳山城を攻めようとする敵に対して、これを阻止しようとして出城を構えるとすれば、先ずこの地点が選ばれるであろう。護応土城は、伊達景宗軍忠状に「藁科越え壱の木戸、護応土要害」とあるように、本城である徳山城の「一の木戸」としての「交通遮断施設」でもあった。

南北朝時代以前の城郭は非日常的なものであり、日常的・恒常的に維持されるようになる城郭の出現は南北朝時代を過ぎてからであるといわれる。つまり鎌倉時代から南北朝時代にかけての城郭は、合戦・紛争などの非日常的事態に際し立籠もるために構えられた特異な「場」であった。したがって合戦・紛争が終決すると城郭は「焼払」あるいは、「破却」されるべきものであり、城郭が構えられている間は武力が発動されていることになり、平和の回復とはならなかったのである。城郭は不穏なものであり、平和が回復すれば破却すべきものという観念が中世を一貫して流れていたが、一方で城郭を構えるのは「国中静謐」のためという認識が南北朝時代に現れてきて、そうした観念から後に、国のためになると考えられた城郭が「御城」と呼ばれるようになり、やがて日常的・恒常的な城郭が出現していったのである。戦国時代に大名が構えた城郭は「御城」と称され、その構築に際しては領民に「城普請役」を課すようになるが、これは城郭が「御国静謐」のためという意識によって構えられたからである（中沢克昭『中世の武力と城郭』「第二部中世の城郭」）。

中世に城郭が構えられた場所で最も多いのは「山岳」であり、その他として「街道の通過する坂」や「寺社」、それに武士の日常的な拠点である「館」などがあった。そうした中で南北朝の内乱の時代のものの多くは高い山の頂上に構えられている。これはこの時代の戦いが小勢力（在地武士）対大勢力（守護など）の衝突となることが多く、小勢力はその劣性を補うために、攻撃するのに困難な要害を利用して対抗したためである。しかしこの時代の城郭には後世のように大きな土木工事は施されていない。

南北朝時代の城跡といわれている所に立ってみると、「空堀（堀切）」や「土塁」などの遺跡が確認される所は少なく、そうしたものが所在するのはその後の時代に再び城郭として利用された所である。それは南北朝時代の城郭は、戦国時代の城郭のように日常的・恒常的な城郭として構えられたのではないため、構築物も「堀切」や「木戸」および「垣楯」「逆茂木」など一時的なものであり、合戦・紛争が終決した時点で焼き払われたり、破却されたりしたためであろう。しかし、南北朝時代の城郭の中にも「材木を塗り込めた土塀」や「櫓」を備えたものもあったことが文献で確認できる。

護応土城跡は山上が狭いため守備兵は少なく、堀切などははじめから掘られず、防御施設も木戸や逆茂木などが設けられたにすぎない城郭であったらしく、これといった城郭遺跡が見られない。おそらく攻撃されて守備することが困難になると、城兵は城を捨てて徳山城に退却して行ったのであろう。

㈡徳山城の遺跡

徳山城というのは、文和二年（一三五三）二月の伊達景宗軍忠状（駿河伊達文書）に「鴾彦太郎城」とある城のことであり、現在の川根本町と島田市川根町の境界線上に位置する無双連山《むそれやま》の山上が城跡である。この地域（大井川中流左岸一帯）は中世、徳山と呼ばれていたので（鴾〈鴾〉・泉・地名・篠間・身成・伊久美の六郷からなる）、城の所在地から徳山城といわれているが、徳山城という城名が史料にみえるわけではない。

無双連山は北東・南西方向に横たわる山であるが、山上の様相は北部と南部では違い、「本城山」といわれている北部は細尾根であるのに対し、南部の尾根は少し巾がある。北部の尾根の方向は正確には東北東・西南西方向であり、その上に三つの峰が並び、三つの峰の標高は何れも一、一〇〇㍍、無双連山の最高峰である。しかし「三角点」が南部の一〇八三・三㍍の峰に設けられているので、五万分の一地形図では無双連山の標高は一〇八三・三㍍であるかのようにみえる。なお、地形図の無双連山の表記は高山の南尾根辺りから書き出されていて、本城山の北に位置する清水山（一、〇八五㍍）も無双連山の一部となっているが、この山の山上に立って南を見ると、本城山以南の山（いわゆる無双連山）とは山脈《やますじ》が別である。したがって清水山は無双連山には含まれないと思われるのである。しかし、川根本町元藤川辺りから見あげると清水山も本城山とひとつながりの山に見える。

さて山上北部（本城山）のこの三つの峰は説明上紛らわしいので、以下東北東の峰を「東の峰」、西南西の峰を「西の峰」、その間に位置する峰を「中の峰」と記すことにする。また「東の峰」と「中の峰」の山上は平坦になっているので、ここが城であった時には曲輪として利用されたものと考え、便宜上東の峰を「東曲輪」、中の峰をその位置から「本曲輪」と仮称する。

まず東の峰（東曲輪）であるがこの峰は徳山城の北限である。その東の峰とその北方約二〇〇㍍に位置する標高一、〇八五㍍の山（清水山）との間は尾根続きではあるが、この尾根は約二〇〇㍍におよぶ細尾根（その尾根上の幅は広い所でも一㍍で両側は絶壁である。）であり、城に進攻してくる敵に対する天然の防御施設

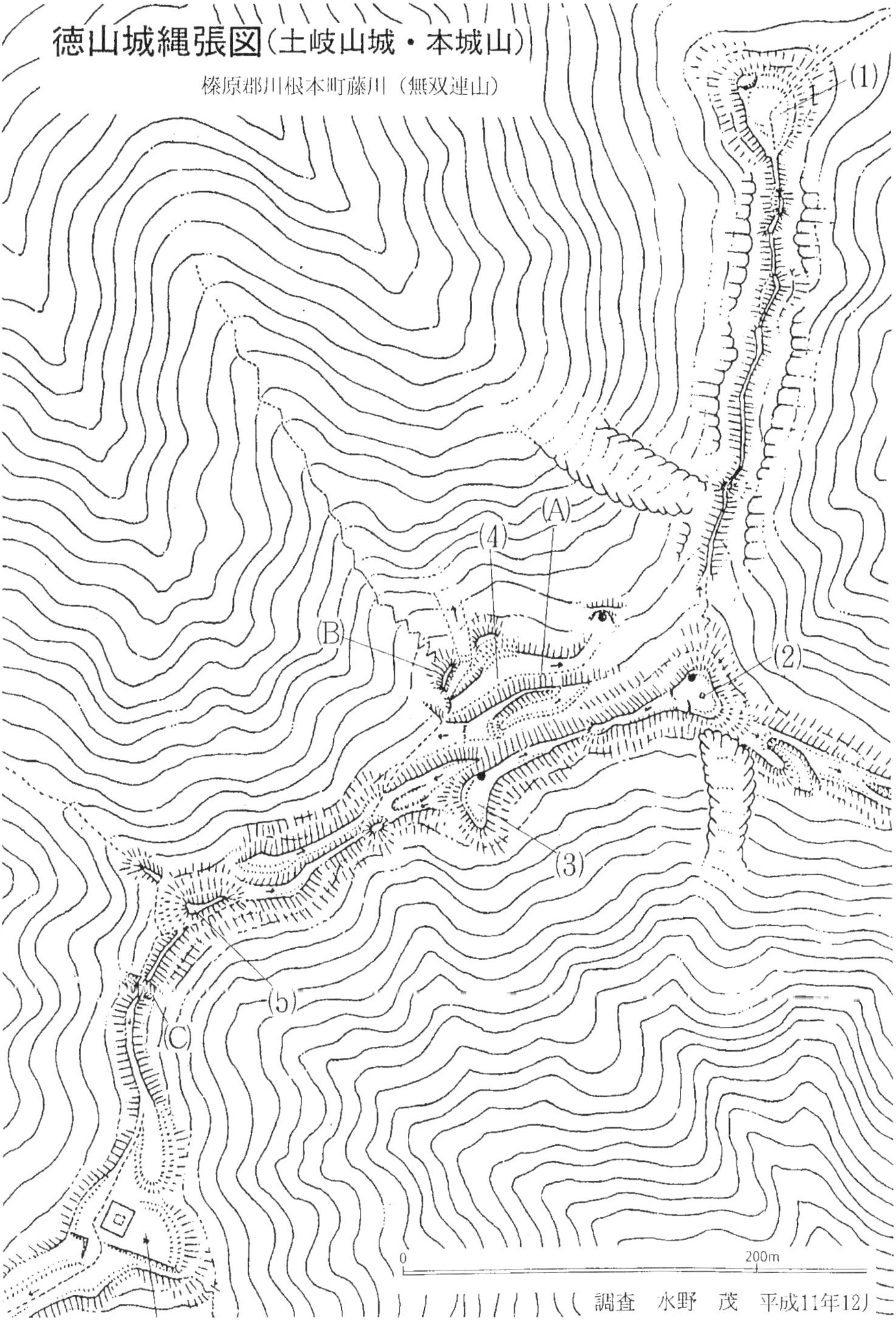
徳山城縄張図（土岐山城・本城山）
榛原郡川根本町藤川（無双連山）
(1)
(2)
(3)
(4)
(5)
(A)
(B)
(C)
0
200m
調査　水野　茂　平成11年12月

となっていて、この細尾根は犬も進むのをあきらめる険しい尾根という意味で「犬戻り」と呼ばれている。
「犬戻り」から東の峰（東曲輪＝一辺の長さ二〇㍍ほどの三角形の平坦地）に登った道は、少し右に方向を変え中の峰へと続く、東の峰と中の峰の間の距離は約一四〇㍍、この間の尾根のたわみは少ない。その尾根道を進み道が登り坂となった辺りから右側（北側）下をのぞくと、中の峰の斜面から張り出した尾根が東へ曲がり、こちらの尾根と平行するように延びているので、その間は東方に口を開いた東西に長い凹地状の平坦地（一五㍍×六〇㍍）で、ここは風当たりも少なく、城が構えられていた時には城兵の寝泊りする小屋が掛けられていたと思われる場所である。そしてその平坦地の北側にも帯状の平坦地がみられる。

中の峰は二〇㍍×一五㍍の長方形の平坦地であり、本曲輪と仮称したように城が構えられていたときには中心となる曲輪であったと思われるのである。道は中の峰を過ぎると急な下り坂となるが、一五㍍ほど下った所からは平らになり約一〇〇㍍ほど行くと西の峰への登り坂となる。この約一〇〇㍍ほどの平らな道の北側が一段低くなっていて、幅が広い所では一五㍍ほどの平坦地となっている。中の峰と西の峰の間の距離は約一六〇㍍である。

西の峰の頂上は狭く平坦地はない。西の峰からは尾根が南に向かって下降するが、西の峰から五〇㍍ほど下ったところで尾根は大きく掘り切られ、その先は緩やかな傾斜となり尾根幅も広くなっている。したがって徳山城はこの堀切（幅は六・五㍍ほど）までと考えたい。東の峰（東曲輪）からこの堀切までの距離は約三五〇㍍である。はじめに無双連山の山上の様相が北部と南部では違い、北部は細尾根で南部は広尾根と述べたが、この堀切はその分かれ目に位置している。そしてこの堀切から南方に約三〇〇㍍行くと一等三角点の設置されている標高一、〇八三・三㍍の峰に至る。

横地《よこじ(ち)》城についての疑問

中世遠江の名族横地氏代々の城跡といわれ昭和四十六年には県史跡に指定された菊川町東横地の「横地城跡」は『静岡県の中世城館跡』（静岡県文化財調査報告書第23集　昭和五十六年発行）に「牧の原の台地の一支脈が菊川平野に向って突き出た長さ1・5kmの尾根上に、平時の居館を含めた遺構がのこっている。………丘陵の西端より約1kmで山城に達する。東西約400m、南北300m～400mの広さをもち、三頭型の連郭で、西から城山（標高95m）、中間を中城（90m）、東を東城（101m）と呼んでいる。」として、つづけて曲輪、土塁、堀切などの残存形態が詳細に説明され、それらの位置を書き込んだ地形図が載せられている。

私はこれまで何回か横地城跡に立ち、また前述の文献を片手に踏査もしたが、その説明にいう遺跡というものがはたして城の遺跡としてのものであるのかよくわからないし、納得できない部分も多いのである。もっともそれは私に中世の城についての知識が乏しすぎるからであるのかもしれないが、少くとも今までに踏査してきたいくつかの城跡を見た目でいうと横地城跡の一部である東城には一時的な砦があったようにも思われるが、とてもそのいわれている全域に一定期間にわたる城が存在していたとは考えられず、現にそうした痕跡も明らかでないと思うのである。

一般的に山城には曲輪と曲輪の間や曲輪から延びる尾根に堀切を施して曲輪の要害性を高めるのであるが、横地城跡にはその必要性がある場所にこれが見あたらず、またかつて設けられたような形跡もないのである。

それでは次に文献から横地城について見てみよう。まずこの城についての同時代（鎌倉〜室町）史料は無いようである。廃城以後でもしばらく所見を欠き江戸後期に入り、近世遠江の地誌の草分け的存在である『遠江一統志』（天明二年成立）に「応仁より慶長までの城砦」として引馬城、井谷城など二十六の城が載っているが、その中にも見えないのである。

ついで、『遠江国風土記伝』（寛政十年成立）になると「【横地城】東北の勝間田屋敷を去ること凡そ五十町……横地村東原に在り」とあり、これが文献での横地城初見である。しかし城跡については「図いまだ考へず」とあり所在地が確認されていないようである。ただ、文政十年の「神尾村上組高反別村差出帳」の中に、「山論山（隣村横地村との入会秣場）之内ニ古城之跡御座候」とある。

くだって明治四十一年に刊行された岩田孝文の『遠江史蹟瑣談』は遠江の史蹟について書かれた本格的な書物であるが、横地城跡の項目は見えず「塩買坂」という今川義忠戦死の地の説明の中に「横地、勝間田が城」と出てくるのみであり、当時もこの城跡のことはあまり知られていなかったようである。

そして大正二年に編纂された『横地村史』（横地尋常高等小学校編）の「第十章古蹟」の部に次のようにある。

一、東横地字大久保ニ城跡アリ、今ニ呼ンデ城山ト云フ、横地太郎家永ヨリ第十四代秀国ニ至ル紀元一千七百二十五年ヨリ二千二百三十四年ニ至ル五百一九年間ノ城跡ニシテ、東西両城ニ分ル、空壕築墻等現今其ノ跡ヲ明カニ存ス、又附近ノ山林中ニモ築墻開道等、滅城当時ノ戦場トナリシ事歴然タリ、明治三十五年三月安倍郡麻機村知徳院（日尚様）ハ家永ノ像ヲ模造シテ、西城山ノ山頂ニ安置シ小祠ヲ建立ス

横地城について書かれた文献では私の知る最初のものである。たゞし「空壕築墻等現今其ノ跡ヲ明カ

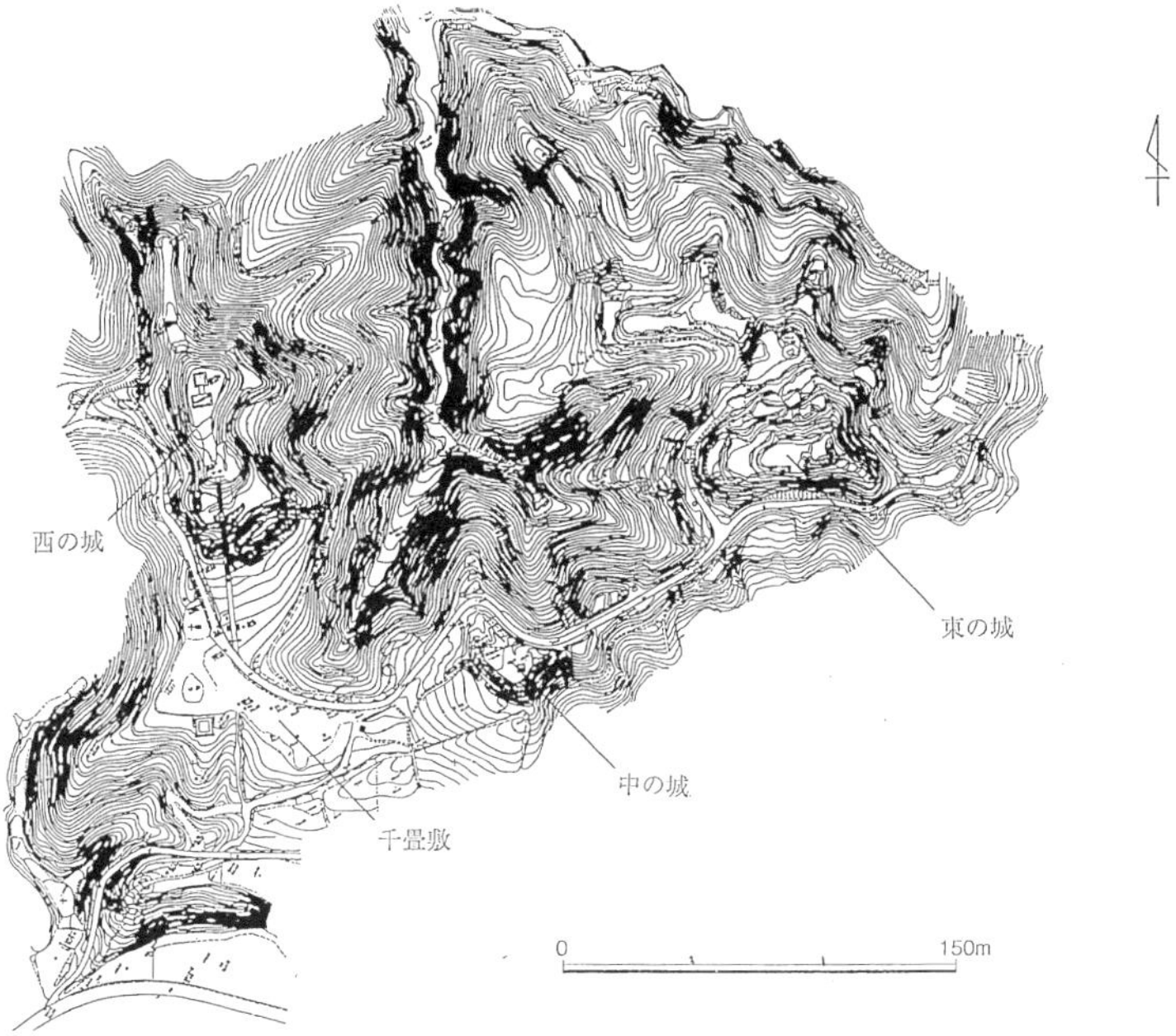

横地城跡図

ニ存ス」とするが、その説明がないのが惜しまれる。なお、『地籍図』によりこの城跡をみるとその字は「杉ノ谷」であり、南山裾に「城下」という字がある。

いわゆる「横地城跡」を一般に横地氏代々の城跡であったと断定しているが、以上述べたように私には納得いかないものがある。大方の御教示をお願いしたい。

なお、横地城跡の西方に続く丘陵やその山裾の帯には横地氏関係の遺跡が多く存在していることは私も承知していて大いに興味のあるところである。

（「酒席史譚」第一号　一九八九）

戦国今川氏の城

この項は『古城』53に掲載したものの補訂版である。

はじめに

駿河国の府中（駿府）を根拠地とした今川氏は、氏親の代に戦国大名となり、遠江国に進出これを分国とし、その子義元は三河まで支配するに至ったが、その過程で接収した城を改修したり、また、新たに築城したりして分国の防衛や地域支配の拠点とした。そうした諸城は、家臣が勤番で守備した今川氏直属の城＝支城と、家臣の持城とに大きく分けられる。

支城とみられるのは、駿河の長久保・興国寺・大宮・蒲原、遠江の中尾生・刑部・浜名・鵜津山、三河の吉田・田原・牛久保・長沢・医王山・岡崎・西条、それに尾張の鳴海・岩崎などである。なお、城主が世襲であった遠江の懸川（朝比奈氏）・見付（堀越氏）・二俣（松井氏）・引間（飯尾氏）の四城は、家臣の持城のようであるが、地域支配の拠点となっていることから、支城として位置付けることにする。

ここでは以上の支城二十一城と、家臣の持城であった駿河の興津横山（興津氏）・遠江の馬伏塚（小笠原氏）・蔵王（久野氏）・堀江（大沢氏）四城の沿革概要を、文書・記録類と近世の地誌を参考として述べる。

一　駿河の城

【長久保城】静岡県長泉町長久保の長久保城跡

『駿河志料』に「当城は今川家時代構えし地（城）なり、守将の名審ならず、天文十二年の頃北条家持にて、同家より守将を置れ、また永禄中には清水太郎左衛門守れり」とある。

『高白斎記』によれば、天文十四年（一五四五）今川義元は、北条勢が守備していたこの城（長窪城とある）を攻めている。この長久保城攻めは「河東一乱」といわれる富士川以東における今川と北条の領地争いの最終段階の戦いで、武田信玄が今川義元を支援した。九月二十日義元が城の近くまで陣を進め、これに加勢する信玄が城の南西約三キロメートルに位置する岡宮付近に陣取った。そして北条氏康との交渉に入り、城を今川に明け渡すということで和睦が成立、翌十月二十六日停戦（高白斎記の二十二日は誤記）、十一月六日城から北条勢が出た。しかし今川の城になってからの史料は見当らない。

【興国寺城】静岡県沼津市根古屋の興国寺城跡

今川義元は天文十八年（一五四九）二月二十八日、駿東郡井出郷の真如寺領を安堵しているが、その文書（「今川義元判物写」諸州古文書）の中に「善得寺末寺興国寺敷地田畠以下、構城郭之間、以蓮光寺道場断絶、為其改替改寺号名真如寺」

長久保城縄張図　駿東郡長泉町下長久保字城山

調査・作図　水野 茂　平成22年11月23日

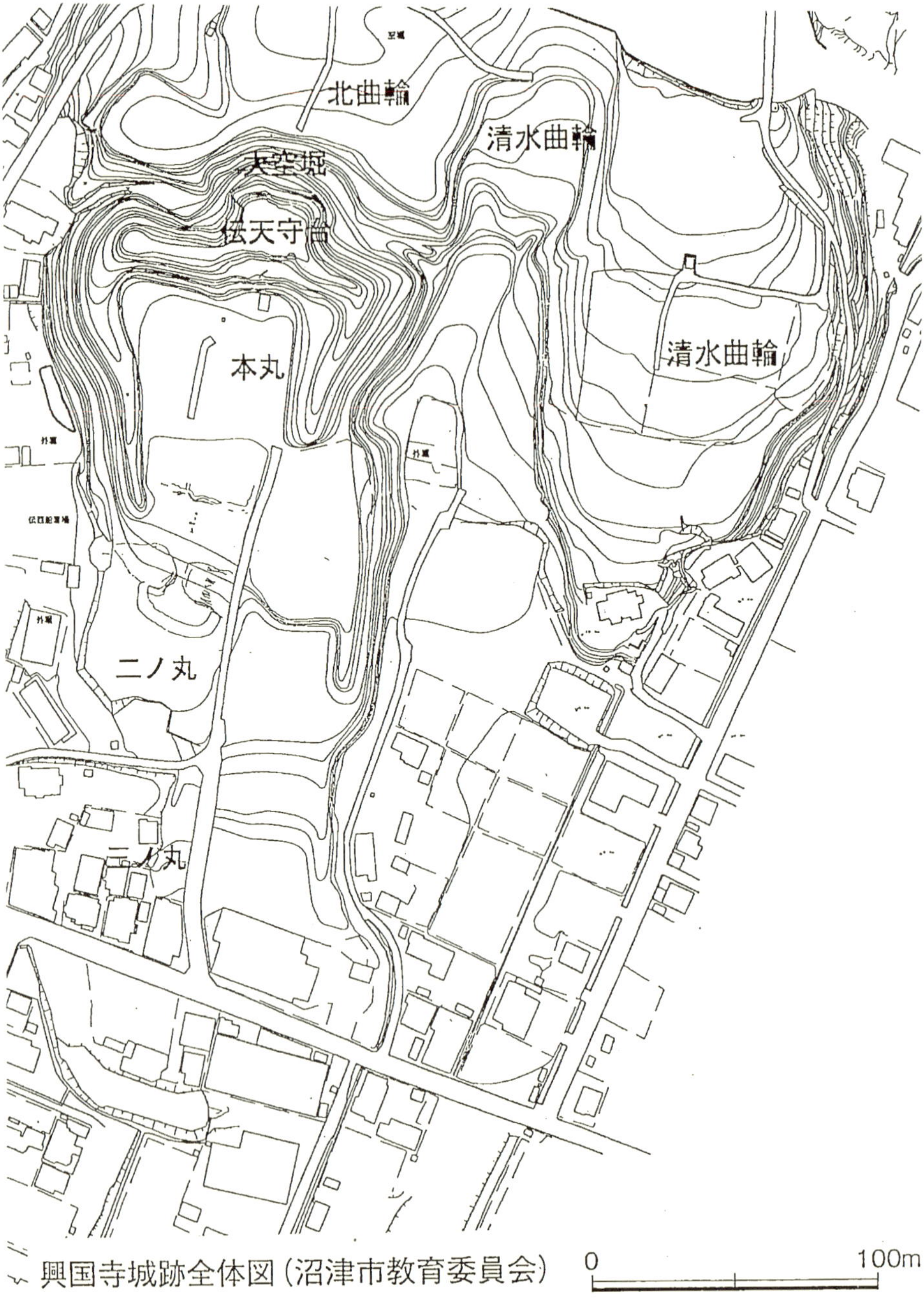

興国寺城跡全体図（沼津市教育委員会）

とあり、興国寺という寺の敷地に城郭を構えるため、替地として断絶している蓮光寺を与えられ、それを真如寺と改めたことがわかる。そして義元は翌年の二月二日その城の普請場を視察している。『高白斎記』天文十九年二月二日条に「義元、興国寺御普請ニ御越候」とある。

ところが『駿河志料』には「始興国寺と云精舎ありしを、鳥ケ谷へ遷し、其跡に城を構へしと云、当城は今川氏親の時、伊勢新九郎長氏に命じて居城せしむ」とあり、興国寺を移転させた跡へ城を構えたのは伊勢新九郎（早雲）だという（『北条記』には「新九郎……富士郡下方庄を給りて、高国寺の城に在て、長禄二年（延徳三年）十月韮山へ移りける」）。伊勢新九郎が在城したという興国寺城はこの城とは別の城であろうか。

天文十九年（一五五〇）四月晦日の今川義元判物写（判物証文写）によれば、井出郷の土豪杉山惣兵衛が、同二十二年三月九日の今川義元判物写（判物証文写附二）では、同郡石河郷の土豪栗田彦四郎が、この城に在番している。

また、天文二十一年正月二十三日の今川義元朱印状（秋山文書）では、同郡泉郷の土豪秋山三郎左衛門尉が「興国寺城取立之刻、於境目節々注進奉公」によって棟別などの諸役を免除され、高橋修理進に同心してこの城の普請を勤めるよう命ぜられ、永禄四年（一五六一）八月二十五日の今川氏真朱印状（井出文書）によれば、富士郡北山村の次郎衛門尉らが大宮城と興国寺城の普請以下を勤めたことがわかる。

【大宮城】 静岡県富士宮市元城町の大宮城跡

『駿河志料』に「【神田屋敷跡】今城山と云、天守跡と云地、古井等の跡あり、此地は駿甲争戦のとき構へし所なり」とあり、ここに云う「駿甲争戦」は永禄十二年（一五六九）のことであるが、これより前の同四年（一五六一）七月二十日の今川氏真判物（大宮司富士家文書）によれば、富士大宮司富士信忠がこの城の「城代」

を命ぜられているので、それ以前の築城である。

【蒲原城】静岡県静岡市清水区蒲原町の蒲原城跡

『駿河志料』に「当城は今川家の時、蒲原弾正少弼氏兼居城なり」とある。氏兼は駿河守護今川範国の子で、了俊の弟にあたるが、蒲原との関わりを示す史料は知られていない。

連歌師宗牧の『東国紀行』によれば、今川氏が北条氏と干戈を交えていた天文十三年（一五四四）から十四年にかけて、遠江の飯尾豊前守乗連（引間城主）や二俣近江守扶長・原六郎頼郷らが在番している。

次いで、天文二十年（一五五一）八月二十八日の今川義元判物写（御感状之写并書翰）により、由比左衛門尉光澄が、永禄二年（一五五九）十二月二十七日の今川氏真判物写（朝比奈文書）により、朝比奈千世増が、同四年九月三日の今川氏真判物写（成瀬文書）により、佐竹雅楽助高貞が在番したことがわかる。

【興津横山城】静岡県静岡市清水区谷津の横山城跡

『駿河志料』に「息津氏世々居住の地なり」とあるようにこの城は興津氏の持城であった。『宗長日記』（宗長手記と宗長日記からなる・岩波文庫）によれば、連歌師宗長が大永五年（一五二五）「興津横山の城に」おいて連歌会を催している。また『紹巴富士見道記』によれば、連歌師紹巴は永禄十年（一五六八）この城の下で興津入道牧雲らと連歌を興行している。

永禄十一年十二月、武田信玄が駿河侵攻してこれを接収、武田信君（穴山梅雪）を入れた。しかし信君が後に江尻城に移ったため廃城となる。

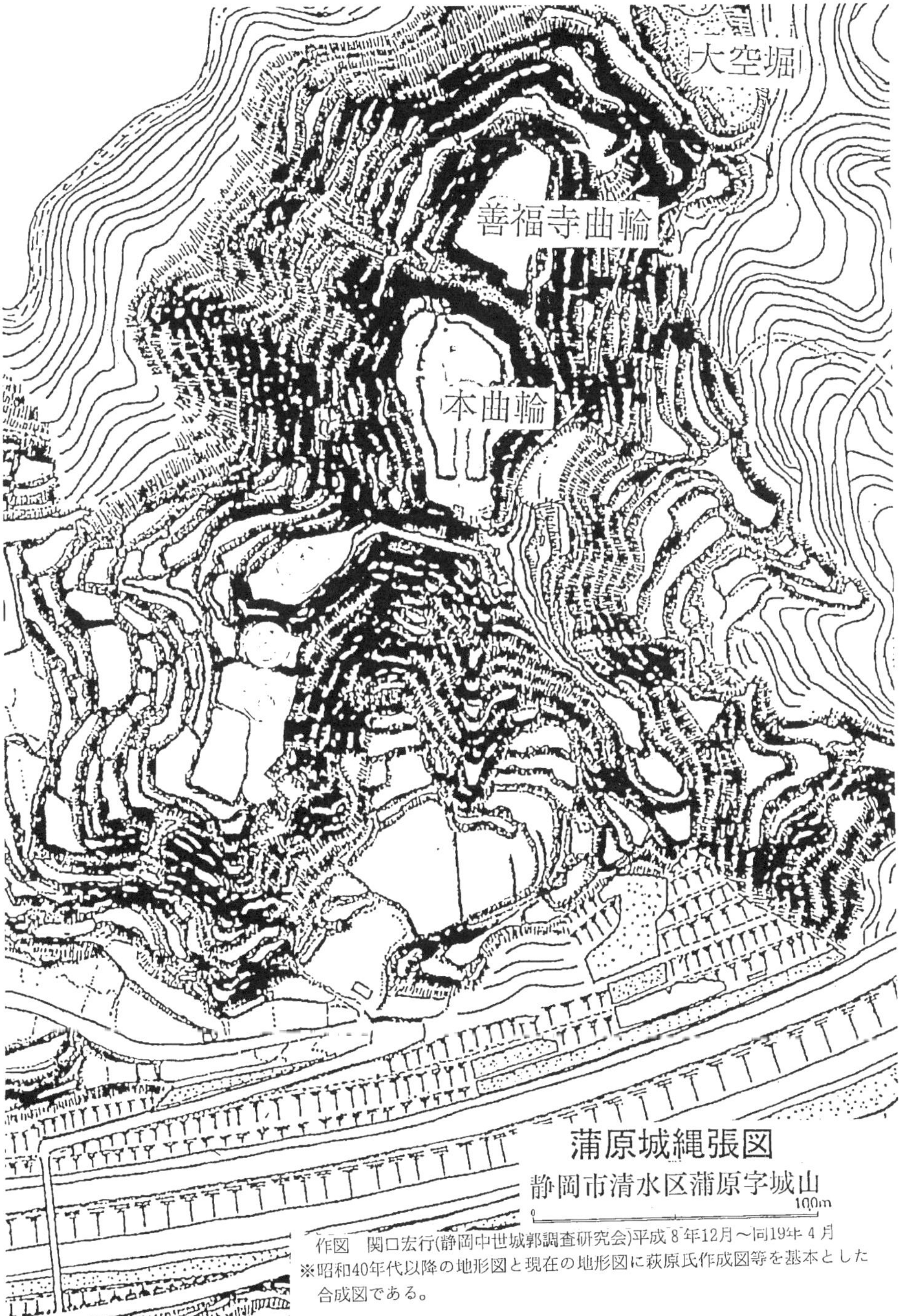

蒲原城縄張図

静岡市清水区蒲原字城山

作図　関口宏行(静岡中世城郭調査研究会)平成８年12月～同19年４月

※昭和40年代以降の地形図と現在の地形図に荻原氏作成図等を基本とした合成図である。

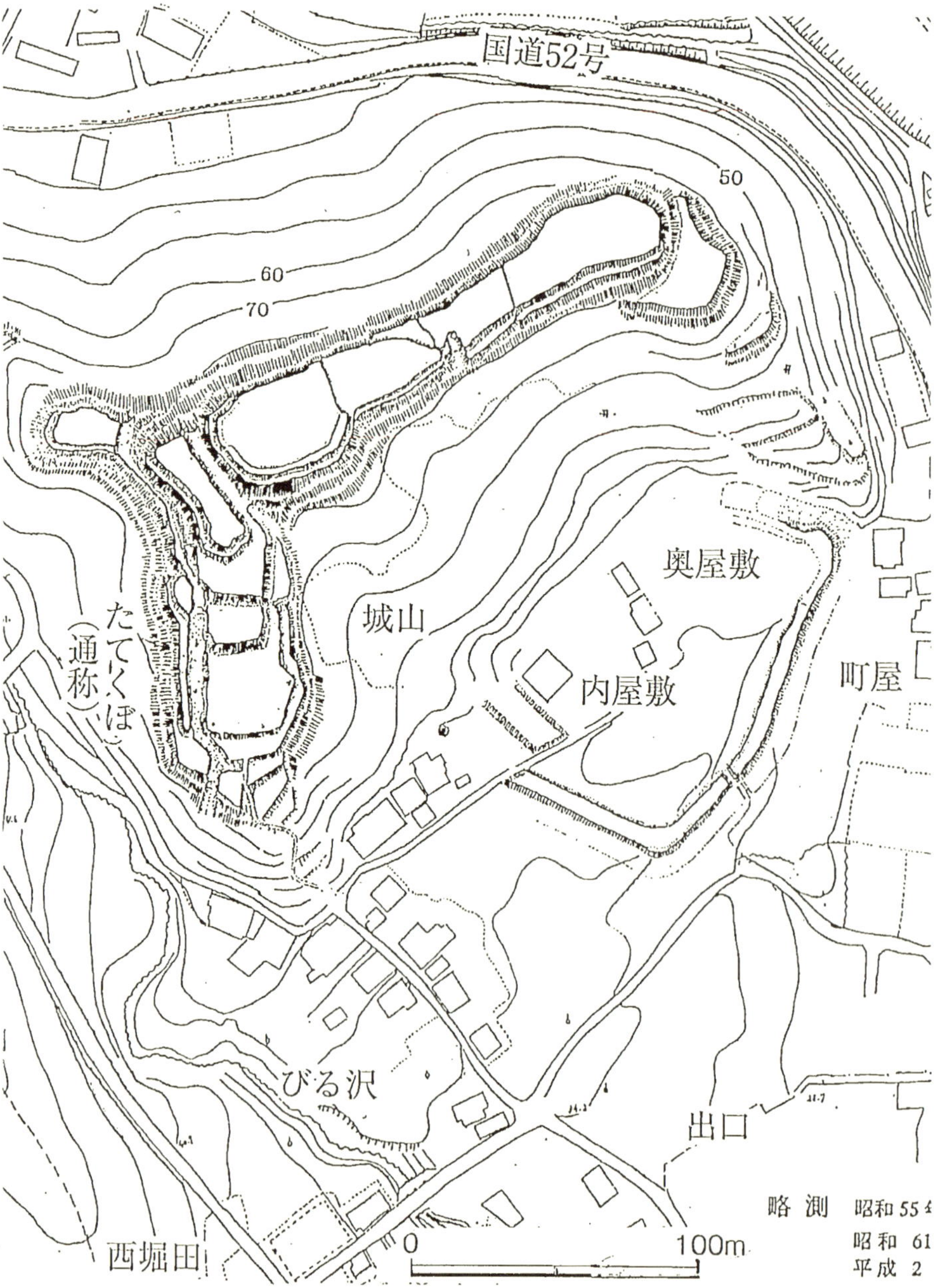

横山城跡概要図（作図：関口宏行）

二　遠江の城

【懸川城】静岡県掛川市掛川の掛川城跡

永正七年のものと推定される十一月一日付けの朝比奈泰熙の書状（大沢文書）に「今日必々屋形様（今川氏親）藤枝迄着陣候、明日者懸河へ可被出着候」とあるのが初見。『宗長日記』（宗長手記と宗長日記からなる・岩波文庫）によれば、大永二年（一五二二）上洛の途次、懸川城に立ち寄った連歌師宗長は「懸川、泰能亭に逗留。此ころ普請最中。外城のめぐり六・七百間、堀をさらへ、土居を筑あげ、凡本城とおなじ。此地岩土と云物にて、只鉄をつきあげたりとも云べし。本と外との間、堀あり。嶮々としてのぞくもいとあやうし。……又、南に池あり。岸たかく水ひろくて大海に似たり。凡、竜池ともいふべし」と記している。

『遠江国風土記伝』に「熈庵曰ふ、永正より天正まで、朝比奈備中守住す、今川氏親・義元・氏真公三代の間なり」とあるように、諸史料からも朝比奈泰熙―泰能―泰朝の三代が居城したことは問違いない。

永禄十一年（一五六九）十二月、武田信玄の駿河侵攻により、駿府の居城を逃れた今川氏真はこの城に入り、備中守泰朝に迎えられ三河から侵攻してきた徳川家康と戦ったが、翌年五月和睦してこの城を家康に渡し、泰朝らとともに駿河の大平城に去った。

【馬伏塚《まふしづか》城】静岡県袋井市浅名の馬伏塚城跡

文亀年間（一五〇一～〇四）と推定される年付なしの九月二十六日の今川氏親判物（本間文書）および永正七年（一五一〇）三月二十日の本間宗季軍忠状写（同上）によれば、文亀年間遠江において今川氏と信濃小笠原氏の戦いが繰り広げられた時、本間宗季が当城で戦功を立てたとある。

『遠江国風土記伝』は「此城を始めて築く時代詳ならず」とし、小笠原美作守（氏興）が城主であったが、そ

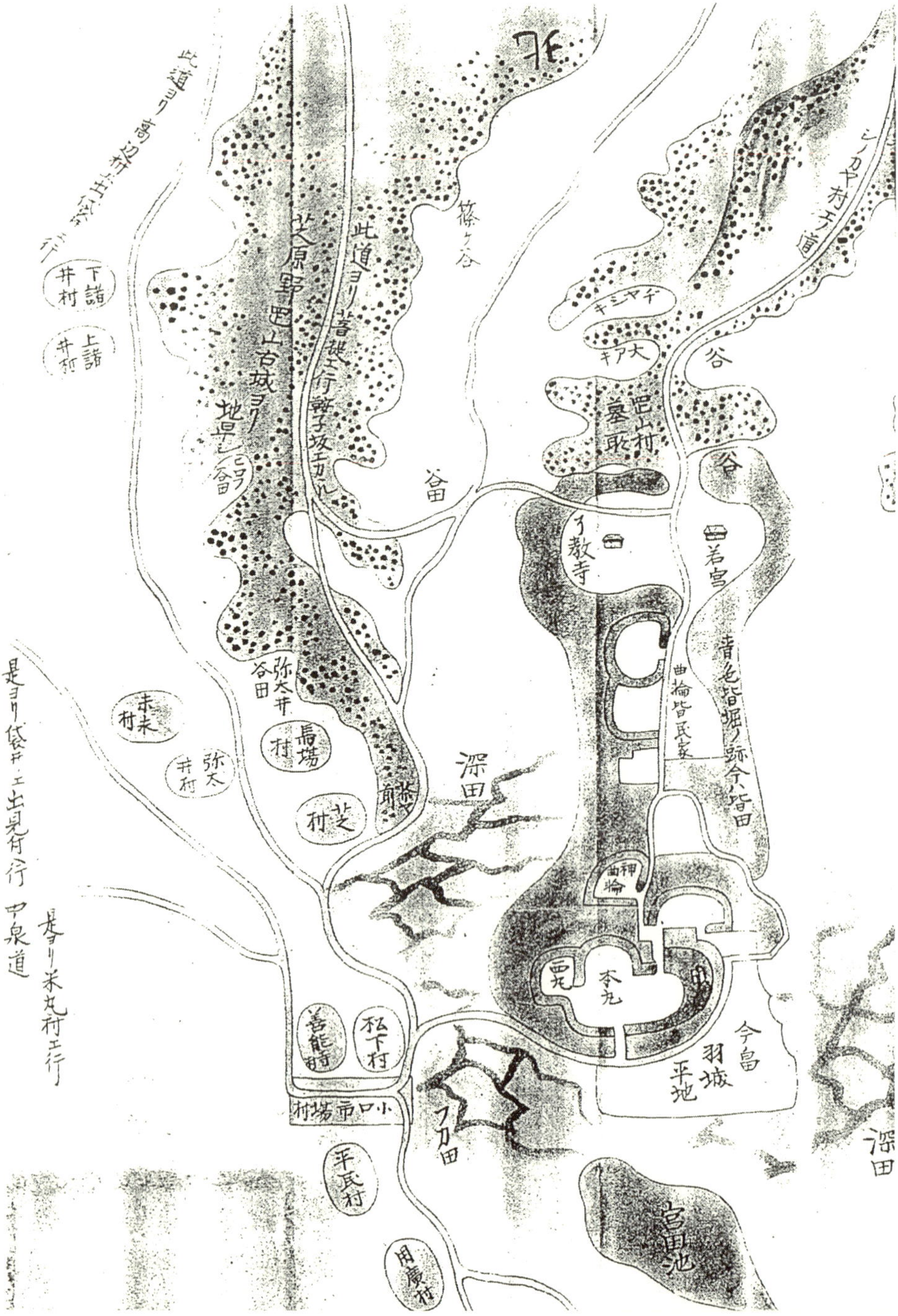

馬伏塚城絵図

の後に入った大須賀康高が城を横須賀に移したとする。

【蔵王城（久野城）】 静岡県袋井市鷲巣の久野城跡

永正七年（一五一〇）三月二十日の本間宗季軍忠状写（本間文書）によれば、文亀年間久野佐渡守の守る蔵王城へ信濃の小笠原勢が攻め寄せたとき、福島助春に率いられた本間宗季は久野佐渡守に加勢してこの城で敵を退けたとある。

また『遠江国風土記伝』は「築く所の年代は詳ならず」として、久野佐渡守宗隆その孫三郎左衛門宗能の居城で、天正十八年（一五九〇）松下右兵衛（親の石見守之綱の誤り）に替るとする。

【見付城】 静岡県磐田市見付の古城跡

『宗長日記』の大永六年（一五二六）三月三日条に「おなじ国見つけのこう（国府）、堀越六郎（氏延）亭」とあるのは見付城のことである。

『遠江国風土記伝』には「郷人は古城と謂ふなり、南郭は方七十歩余り、中に大見寺を建て御子神を斎く、北郭は東西凡そ三十歩南北六十歩計り畑と為る、蓋し往古は御子神社の地にて、堀越用山城を造り、城廃れて後復此神を斎き奉るか」とあり、天文六年（一五三七）四月、今川義元が見付城の堀越六郎氏延を攻め滅ぼした時に、手柄を立てた天野小四郎と同孫四郎に与えた今川義元判物（天野文書）を提示している。

ただし『遠江国風土記伝』が堀越氏当主とする用山という人物は、天文七年五月十八日の今川義元判物写（同上）の読み違いから生じた架空人物であり（用山は今川氏輝の法名、実は氏延のことである）。天文十三年（一五四四）十二月見付府に宿泊した連歌師宗牧は「此所は今川貞世の住み給ひしとなん、昔ゆかしくて古城のあたり立出でて見めぐらす」と記している。古城とあるから堀越氏滅亡後見付城は廃城となっていたのであろう。

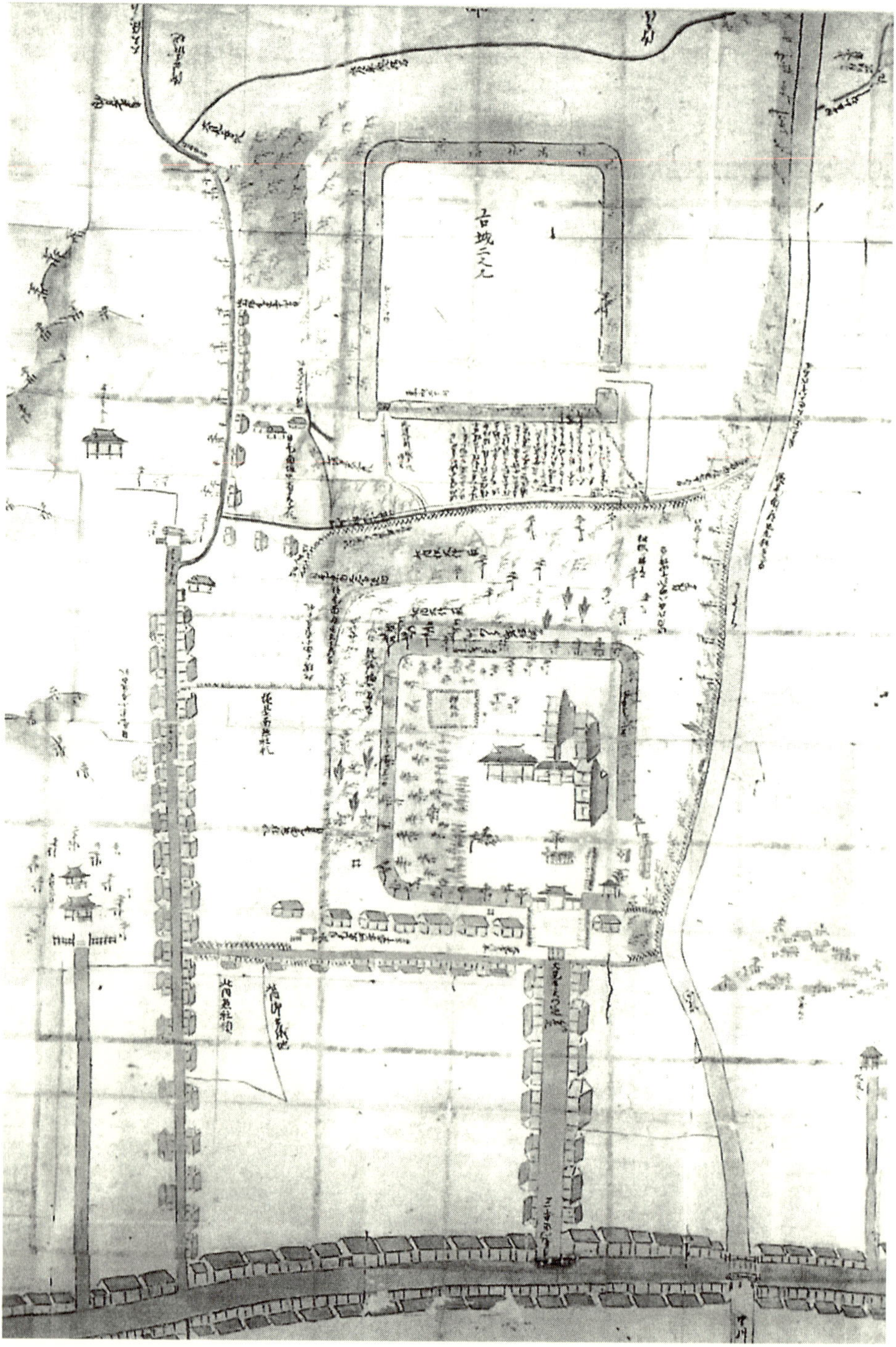

遠江見付城跡絵図

永禄八年（一五六五）十月七日の今川氏真朱印状（成瀬文書）に「去々年以来遠州忩劇之処、於見付城中走廻、殊塀柱等相調令奉公云々」とあり、永禄六年、引間城の飯尾豊前守連竜らが今川氏に叛いた「遠州忩劇」の時に見付府町人米屋弥九郎が塀・柱等を調達するという忠節を尽くしたことがわかる。見付城の塀や柱を調達したということは、この時この城は一時的に再興され飯尾らを追討する今川勢が入っていたということになろうか。

【二俣城】静岡県浜松市天竜区二俣町二俣の二俣城跡

『宗長日記』に「社山に左衛門佐殿（斯波義雄カ）在城、配流をもって二俣の城へ退け」とある城は二俣古城といわれる笹岡城（天竜区役所の所）と考えられ、永正六年（一五〇九）のものと推定される三月二十三日付けの瀬名一秀書状（勝山小笠原文書）に「我々も二俣城お取立（築く）候」とあるのがこの城であり、同八年五月、斯波方と思われる敵に攻撃されている（遠江国風土記伝所収文書）。

『遠江国風土記伝』には「蜷原城跡」とあり「永正十一年〔二俣〕昌長米蔵村に移る。同年松井左衛門信薫城飼郡平河村より移居す。松井五郎八宗信居城を嗣ぐ、宗信今川義元に属し、永禄三庚申五月十九日尾張国桶狭間に於て討死す。永禄三年松井強八居城す」とする。永正十八年（一五二一）正月二十八日、某が二俣郷阿蔵村（浜松市天竜区二俣町阿蔵）の玖延寺に出した禁制写の中に「城之被官狼籍之事」とあり、この発給者が『掛川誌稿』のいう朝比奈時茂であれば、彼は二俣城主であろうか（大日本史料は今川氏親とする）。

松井氏が何時からこの城に在城したのかは必ずしも明らかでないが、天文五年十二月の今川義元判物写（玖延寺文書）によると松井兵庫助貞宗が玖延寺に寺領として田二段を寄進しているので、それ以前であることは間違いない。貞宗（八郎・兵庫助・山城守）の子宗信（郷八郎・左衛門佐）は「桶狭間の戦」で討死し、その

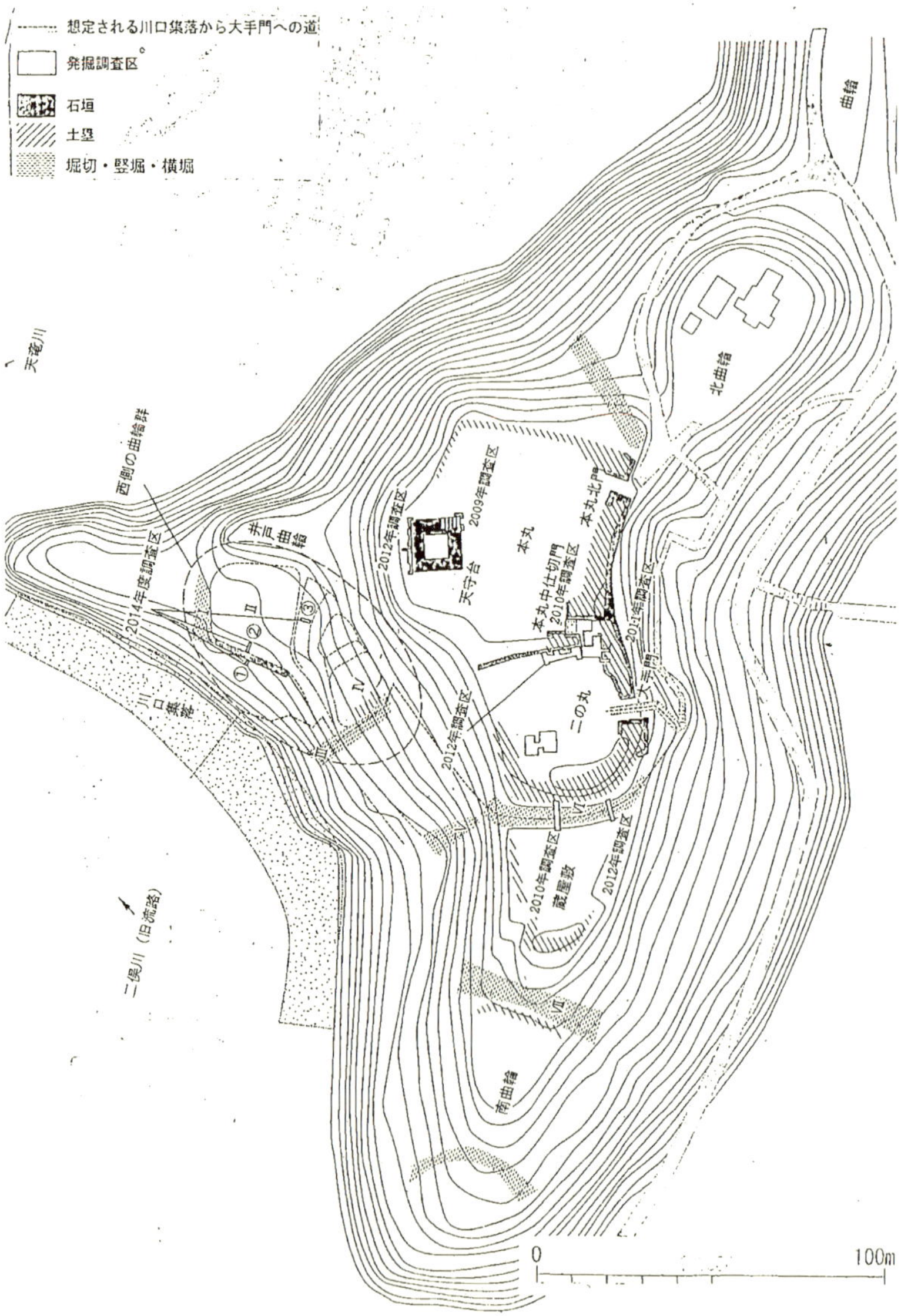
想定される川口集落から大手門への道
発掘調査区
石垣
土塁
堀切・竪堀・横堀
天竜川
西側の曲輪群
2014年度調査区
井戸曲輪
川口集落
2012年調査区
天守台
2009年調査区
本丸
本丸北門
本丸中仕切門
2010年調査区
2011年調査区
大手門
二の丸
2012年調査区
2010年調査区
蔵屋敷
2012年調査区
北曲輪
曲輪
南曲輪
二俣川（旧流路）
0
100m

二俣城跡図

跡を継いだ子の宗恒（八郎・山城守）は、永禄六年（一五六三）に始まった「遠州忩劇」の反乱者の一人であるが（集古文書所収三和文書）その結末はよくわからない。

永禄十一年十二月二十六日、三河の鵜殿三郎氏長ら（松井和泉守や松井八郎三郎も見える）に宛てた徳川家康判物写（譜牒余録後編七）に「二俣之城、鵜殿并二俣先方廿三人居城ニ出置事」とある。

【中尾生《なかびう》城】 静岡県浜松市天竜区竜山町中日向の中日向城跡

天文四年（一五三五）十月十八日の今川氏輝判物写（今川一族向坂家譜）に「遠江国西手中尾生城二俣近江就上表中（申）、斎藤四郎衛門依申、長能ニ申付就（訖）」とあり、この日、匂坂長能が中尾生城主（城代）を命ぜられている。

この城は今川氏の領国経営の中でどのような位置付けにあったのか今一つはっきりしないが、大永六年（一五二六）十二月二十八日の寿桂尼朱印状（沢木文書）に「遠州みそのゝうち万石の六郎左衛門屋しき、とり出の城になさるゝてう」とあるのは、信州衆の南下に備えて長上郡美園に砦を構えたと云うことのようであるので（沢木文書、天文十三年二月十九日の今川義元朱印状に「万石之内六郎左衛門屋敷、先年信州衆相動時」）、その道筋に位置するこの城は信州衆の南下に備えるためと思われるのである。したがって、享禄二年（一五二九）五月十二日の二俣昌長判物写（遠江国風土記伝所収）に「当城へ敵取懸候時」とある敵は信州衆ではなかろうか（風土記伝にはこの城についての記事はない）。

さて、義元の代になるとこの城に関わる史料は見られなくなり、次は永禄十年（一五六七）正月二十二日の今川氏真朱印状（奥山文書）であり、奥山兵部丞と同左近将監が、普請を命ぜられている。

【引間《ひくま》城】 静岡県浜松市中区元城町の浜松城跡

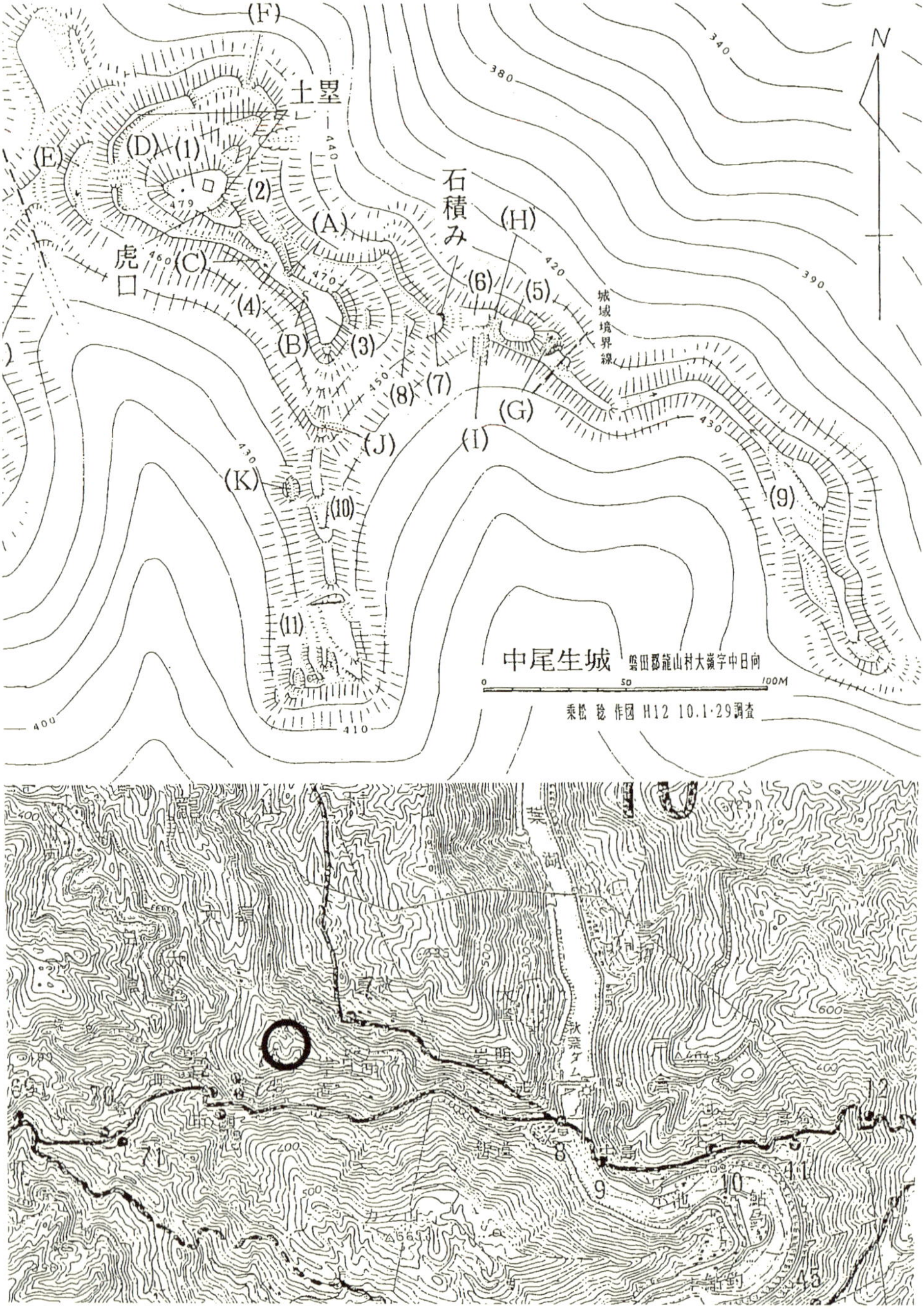

中尾生城跡およびその付近の図

『宗長日記』に「夏五月下旬、彼城に打向はる。折節洪水大うみのごとし。船橋をかけ、船数三百余艘、竹の大縄十重廿重、只陸地に似たり。……敵、河のむかひにうちいで、射矢雨のごとし。数万の軍兵やすやすとうちわたり、敵は則引入ぬ。敵の城六つ七つ、めぐり五十余町の内おひこめ、六月より八月まで責らる。城中そこばくの軍兵、数日をへて、八月十九日落居。安部の金堀をして、城中の筒井悉堀くづし、水一滴もなかりしなり。大河内兄弟父子、巨海・高橋其外楯籠傍輩数輩、あるは討死、あるは討捨、あるは生捕、男女落行体目もあてられずぞ有し」とあるのは、永正十四年（一五一七）、今川氏親が引間城を攻略した時の様子である。

この城の在る地は浜松庄と呼ばれ、吉良氏の所領であったことから大河内備中守貞綱が代官として引間城に在城していたが、貞綱は遠江領有のために侵攻する今川氏親に対抗する旧守護斯波氏に与して、弟の巨海新左衛門らと度々今川勢と矛を交えた挙げ句討死を遂げたのである。これをうけて三河西条城主吉良義信は、飯尾善左衛門賢連をこの城に派遣したが、賢連の子の善四郎乗連の代になるまでに、飯尾氏は今川の家臣となっていった。大永二年（一五二二）五月、宗長が上洛の途次この城に立ち寄った「浜松庄奉行、飯尾善四郎乗連」とある（乗連は後に豊前守を称す）。

永禄六年（一五六三）十二月、飯尾豊前守連竜（乗連の嫡子、善四郎）が今川氏に叛き翌々年成敗され、その後は飯尾の旧臣江馬安芸守（泰顕）・加賀守（時成）が守ったが内紛で自滅、元亀元年（一五七〇）六月、徳川家康が入城、居城として、大改修、浜松城と呼ばれるようになった（都筑家文書・浜松御在城記など）。

なお、引間城址を浜松城の東北隅の「古城」とされている所とするものがあるが、それは大正十五年に刊行された『浜松市史』第十五編名勝古蹟第三章古蹟の「浜松古城墟」に「古城又は曳馬城墟と称するは往古に於ける曳馬城郭一部の地域にして、古城墟此所に止るに非ず。（中略）元亀三年三方原戦争当時家康の居城たりしは曳馬古城にして、当時浜松城増築前たりしなり。而も城地堅固にして甲軍尾して到るも敢て迫るを得ず。若し今の所謂古城の地域に止まらば其の要害憑むに足らず。按ずるに曳馬古城は今の天守台を中心にして険要を占めたるものなるべく」とあるように、それは間違いである。

【堀江城（佐田城）】 静岡県浜松市西区舘山寺町の堀江城跡

『宗長日記』の初めの朝比奈備中守泰熈の戦忠を記したところに、「河西（天竜川の西）村櫛堀江下野守数年の館（城跡は浜松市西区舘山寺町〈もとは大字堀江の一部〉）、浜名の海南北にめぐり、本城・外城黒山と云。早雲庵（伊勢宗瑞）・備中守（朝比奈泰熈）相談せられ、当国諸軍勢うちよせ、両三月に落居す」とある。

ところで、ここに黒山とある山であるが、その戦いの時の今川氏親感状写（内閣文庫所蔵『御感状之写并書翰』）にも、「黒山、被二乗取一之由候間、（中略）急度本城落、注進待入候、恐々謹言、七月卅日、氏親（花押）由比助四郎殿」とあり、黒山（畔山）は本城の間近に位置していると考えると、堀江城跡の「御陣山（北端を羽城という）」と呼ばれている山がそれではなかろうか。

堀江城を攻略接収した今川氏は、東寺領村櫛庄領家徳大寺家代官として下向、村櫛新津城（浜松市西区村櫛町の志津城跡）を居城としていたと思われる大沢氏をこの城に入れ、城名を「佐田城」と改めたようである。少し時代は下るが、天文十三年（一五四四）二月九日の大沢治部少輔宛今川義元判物（大沢文書）に「佐田城番」云々、「言継卿記」永禄二年（一五五九）十月二十三日条に「遠州佐田之中安民部少輔」とある（中安氏は大沢一族という）。

永禄十二年（一五六九）十二月、徳川家康が遠江に侵攻した時には、大沢左衛門佐基胤・中安彦次郎種豊が守っていて、家康は翌年四月懸川城の今川氏真と和睦すると、大沢基胤・中安兵部少輔・権太織部佐の三人に

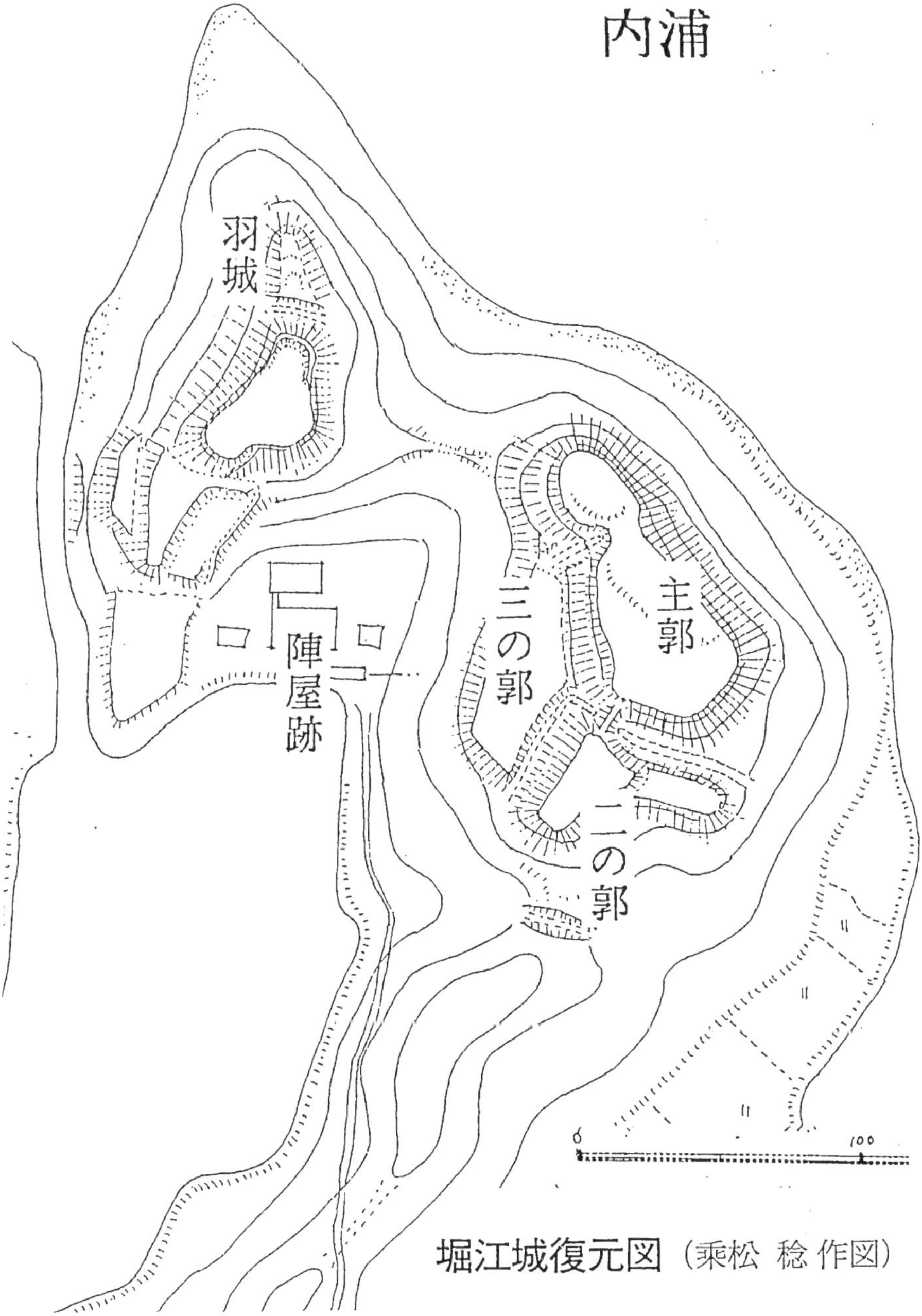

堀江城復元図（乗松 稔 作図）

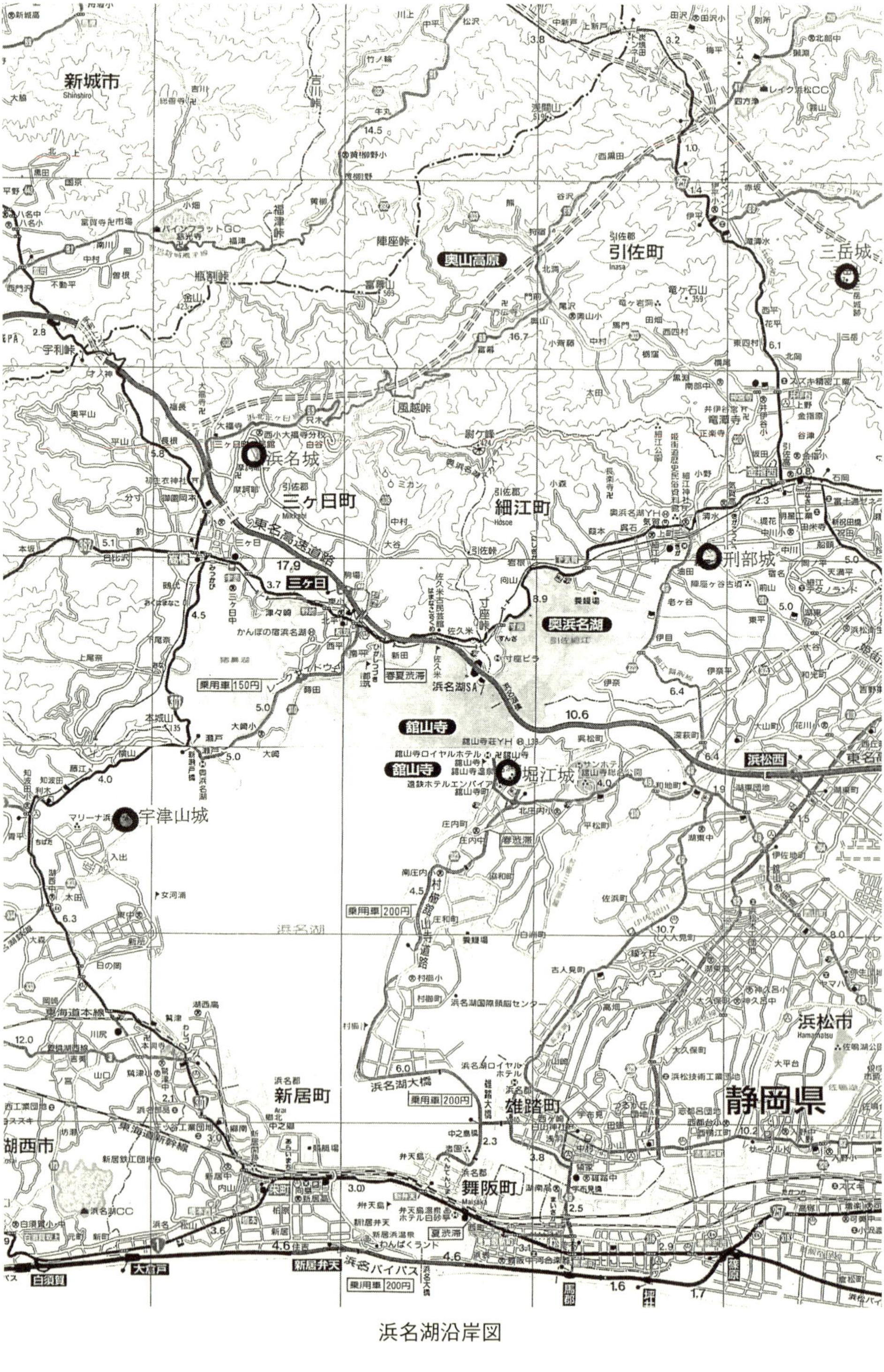
新城市
Shinshiro
引佐町
Inasa
三岳城
奥山高原
陣座峠
瓶割峠
宇利峠
福津峠
風越峠
浜名城
三ヶ日町
Mikkabi
細江町
Hosoe
東名高速道路
三ヶ日
刑部城
奥浜名湖
浜名湖SA
寸座峠
館山寺
堀江城
宇津山城
浜松西
東名高速道路
浜名湖
村櫛舘山寺道路
浜松市
Hamamatsu
静岡県
新居町
雄踏町
舞阪町
Maisaka
湖西市
浜名バイパス
新居弁天
白須賀
大倉戸
東海道本線
東海道新幹線
乗用車 150円
乗用車 200円
乗用車 200円
乗用車 200円
春夏渋滞
春夏渋滞
夏渋滞

浜名湖沿岸図

「当城居成之事」などを保証した起請文を与えて家臣に取り込み、城名も堀江に復されたようである(『松平記』など)。

※乗松稔氏が「庄内の城館跡」(『古城49〈平成十五年〉』)、森田香司氏が「大沢氏と堀江氏」(『戦国武将と城』掲載)を著している。

【刑部城《おさかべ》】静岡県浜松市北区細江町中川の刑部城跡

連歌師宗長が大永七年(一五二七)四月、鵜津山城からの眺望を記した『宗長日記』の記事に「東むかひは堀江の城、北は浜名城、刑部の城、いなさ山、細江、船の往来自由也」とあるが、現在刑部城跡とされている所は鵜津山城からは見えない。しかし、『随庵見聞録』に「刑部ノ城も油田《あぶらでん》(細江町気賀の内)之際《まカ》にて御座候由」とあり、その城域は、城跡西側の切通し(新道)を隔てた丘陵にまで広がっていたようである。

永正五年(一五〇八)今川氏親が遠江守護に補任されたため翌々年春頃から前守護斯波義寛の子義達が、遠江に侵攻、これに井伊次郎や大河内備中守(貞綱、吉良氏領浜松庄代官、引間城主)が加担して三方原などで今川氏と合戦が繰り広げられたが、今川の武将伊達蔵人丞忠宗のこの時の合戦書上(駿河伊達文書)に、刑部城が見え斯波方の攻撃を受け、また城から七、八百の兵が出撃したとある。

天文十三年(一五四四)九月二十八日の今川義元判物(海老江文書)によると、海老江弥三郎の駿河国の知行分の内に「就遠州刑部在城被充行分」があり、弥三郎がこの城に在番していたことが知れる。

また『寛政重修諸家譜』菅沼系図の菅沼定盈の項に「遠江国に御うち入の先陣をうけたまはる。……井伊谷城を攻落し、また刑部城を陥れ、家臣菅沼又左衛門某をしてこれを守らしめ」とあり、永禄十一年(一五六八)十二月の徳川家康の遠江侵攻に応じた菅沼新八郎定盈がこの城を攻略したことがわかる。

刑部城

細江町中川字新屋　　平成８年４月２１日作図

平成８年４月２７日再確認

作図　高山新司

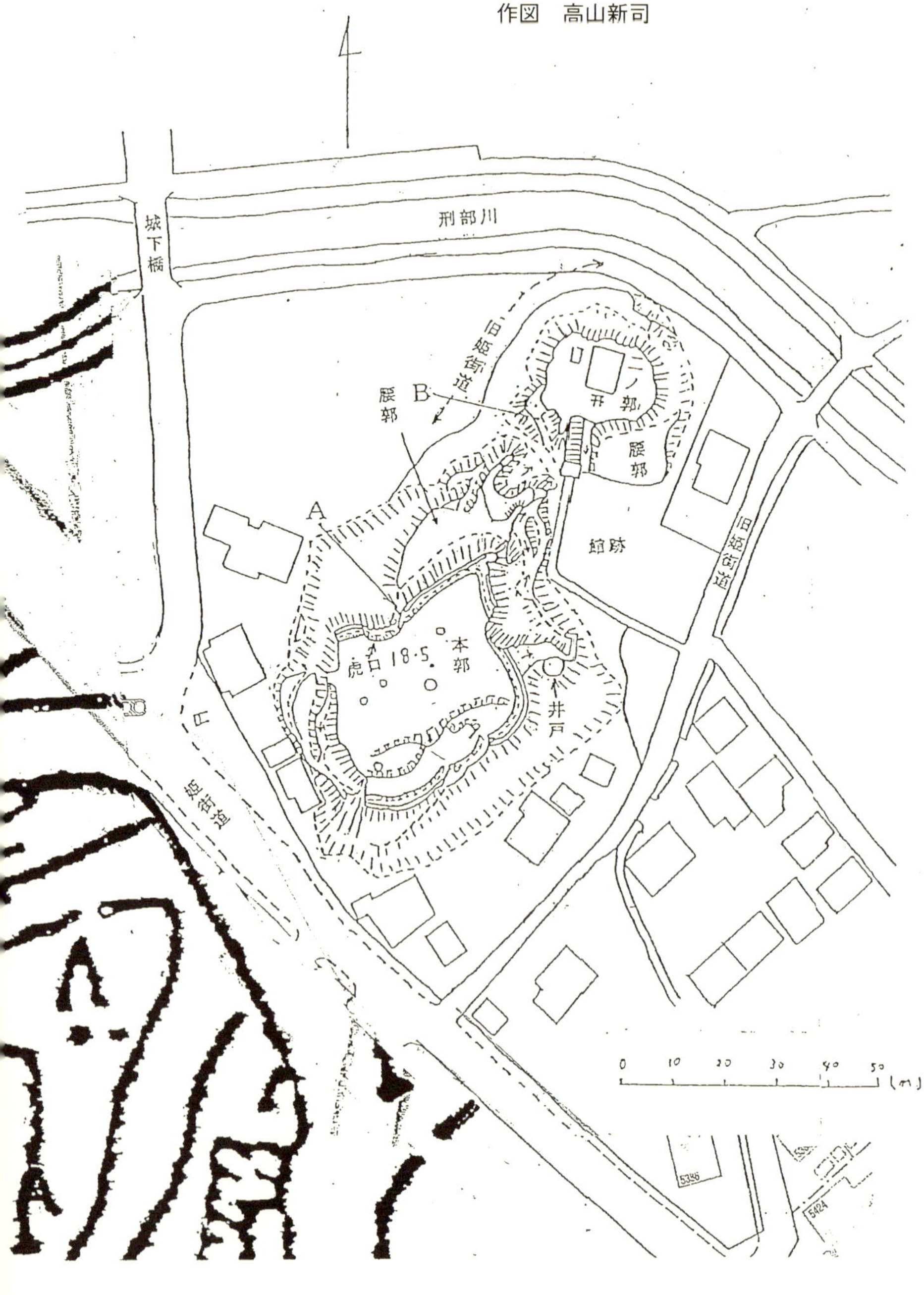

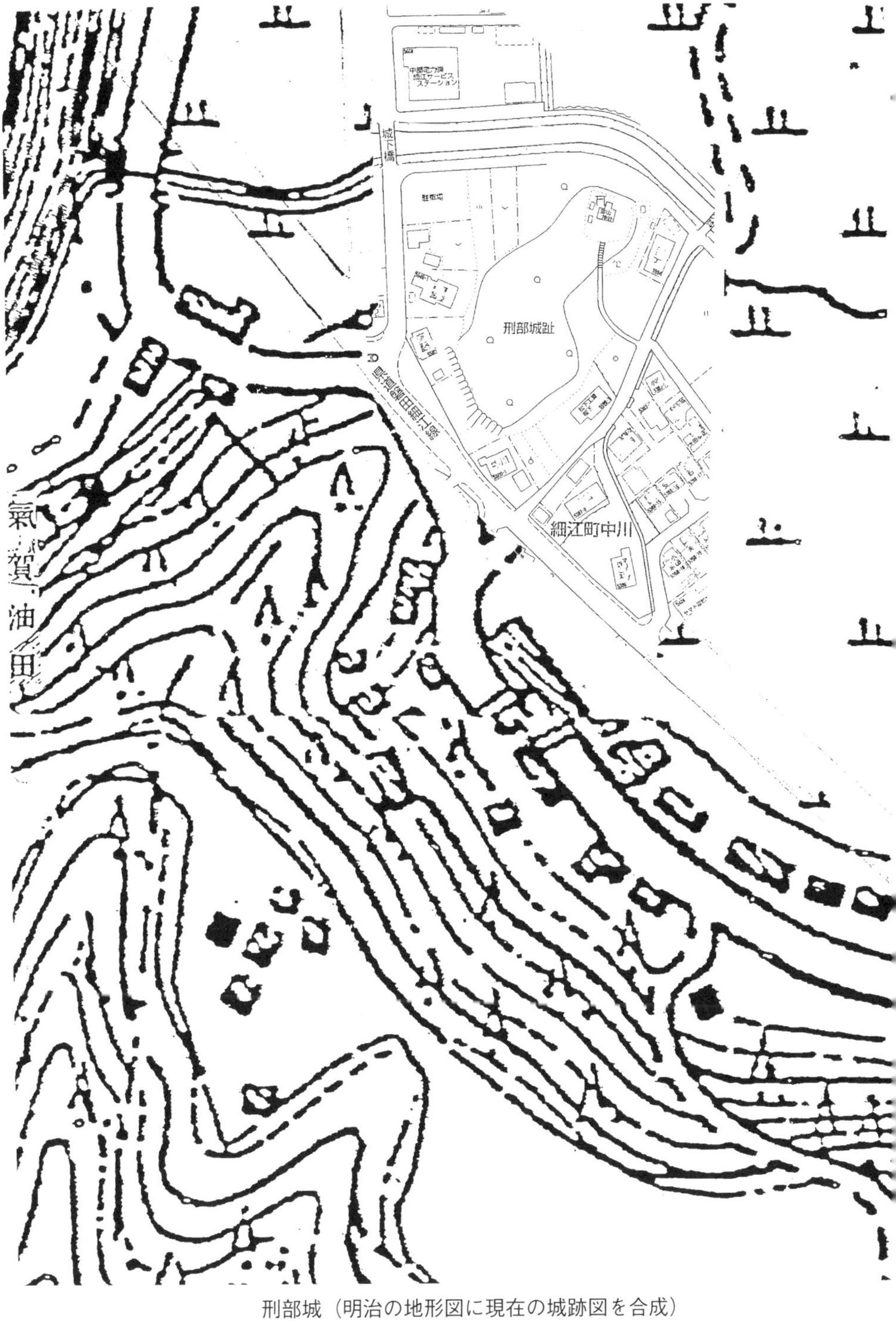

刑部城（明治の地形図に現在の城跡図を合成）

なお、刑部城については、高山新司氏の「刑部と服部中保次の墓」（『古城』50〈平成十六年〉）がある。

【浜名城】静岡県浜松市北区三ヶ日町摩河耶城山の千頭峯城跡

『宗長日記』に見える浜名城を三ヶ日町都築の「佐久古城」とするものもあるが（遠江国風土記伝）、これは浜名氏の城で浜名城は同町摩訶耶寺の裏山（城山）であろう。この城跡は南北朝時代の「千頭峯城跡」とされているが、遺跡は戦国時代のものである。

【鵜津山城】静岡県湖西市入出の宇津山城跡

『宗長日記』大永七年（一五二七）四月、宗長が駿河に下向する時の記事に「国のさかひの城、鵜津山にいたりぬ。此鵜津山の館といふは尾張・三河・信濃のさかい、やゝもすれば競望する族ありて番衆日夜無油断城也。東・南・北、浜名の海めぐりて、山のあひゝゝせき入、堀入たる水のごとく城の岸をめぐる。大小舟岸につながせ、東むかひは堀江の城、北は浜名城、刑部の城、いなさ山、細江、舟の往来自由也。西一方山つゞきにて、敵の思かゝるべき所もなし。此一両年を長池九郎左衛門尉親能承、普請過半、本城の岸、谷の底まで、たつに堀つゞけ、あしをとゞむべきやうもなし。三ケ国の敵のさかひ、昼夜の大鼓夜番の声、無寸暇きこゆ」とあるように、勤番在城制をとっていた国境の城である。

この城は永正三年（一五〇六）十一月九日、鷲津本興寺へ濫妨を加える者があれば成敗するという判物（本興寺文書）を出している瀬名一秀によって取立（築く）てられたと推定され、大永五年（一五二五）九月二十六日、長池親能が本興寺に出した禁制（同上）の端書に「鵜津山城第二代長池殿書なり」とある。また、享禄五年（一五三二）十月二十八日、鷲津本興寺へ判物（同上）を出している〔朝比奈兵部少輔〕氏泰はこの城の城代ではなかろうか。

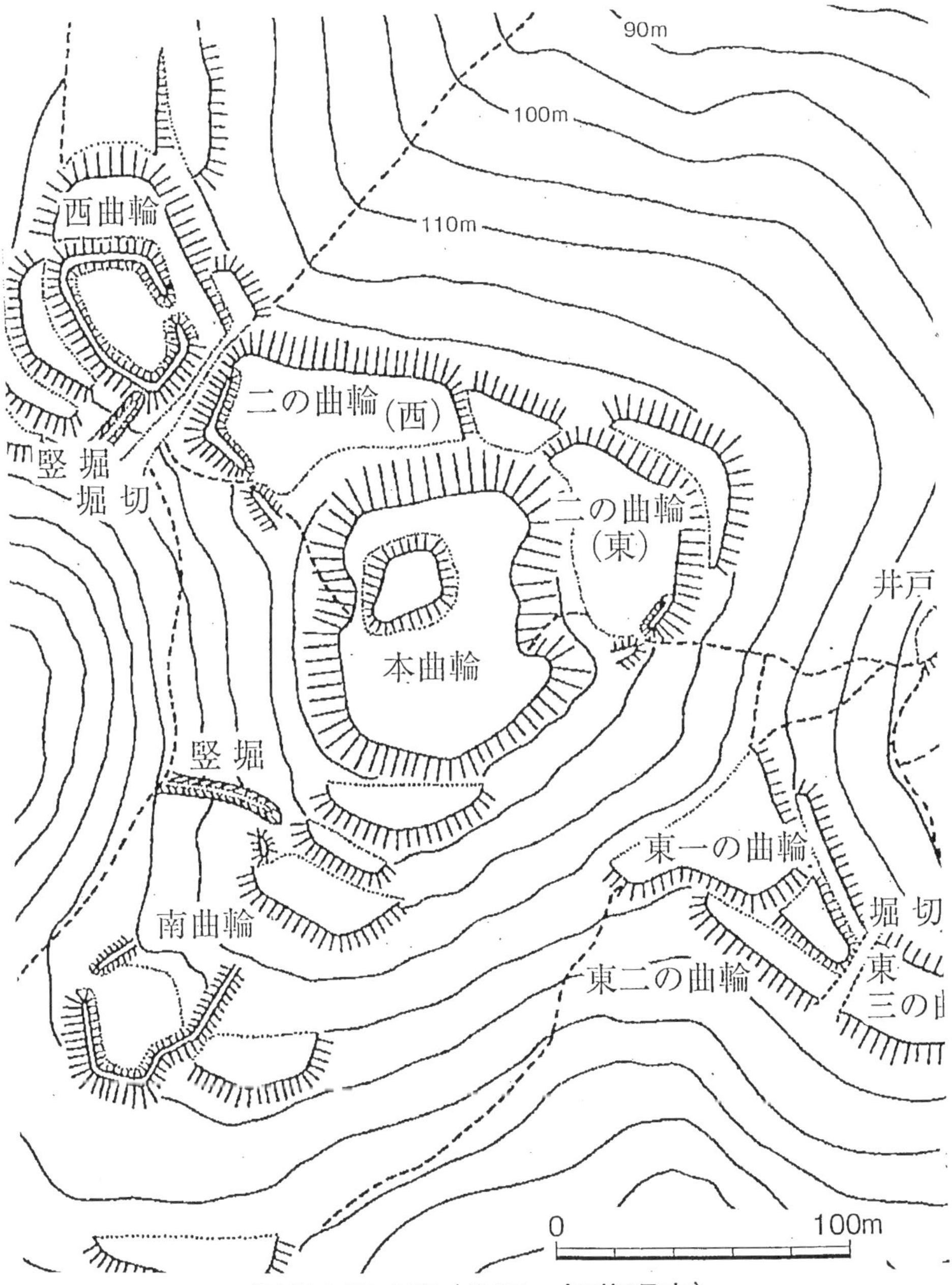

千頭峯城跡概略図（作図：加藤理文）

浜名城跡の図

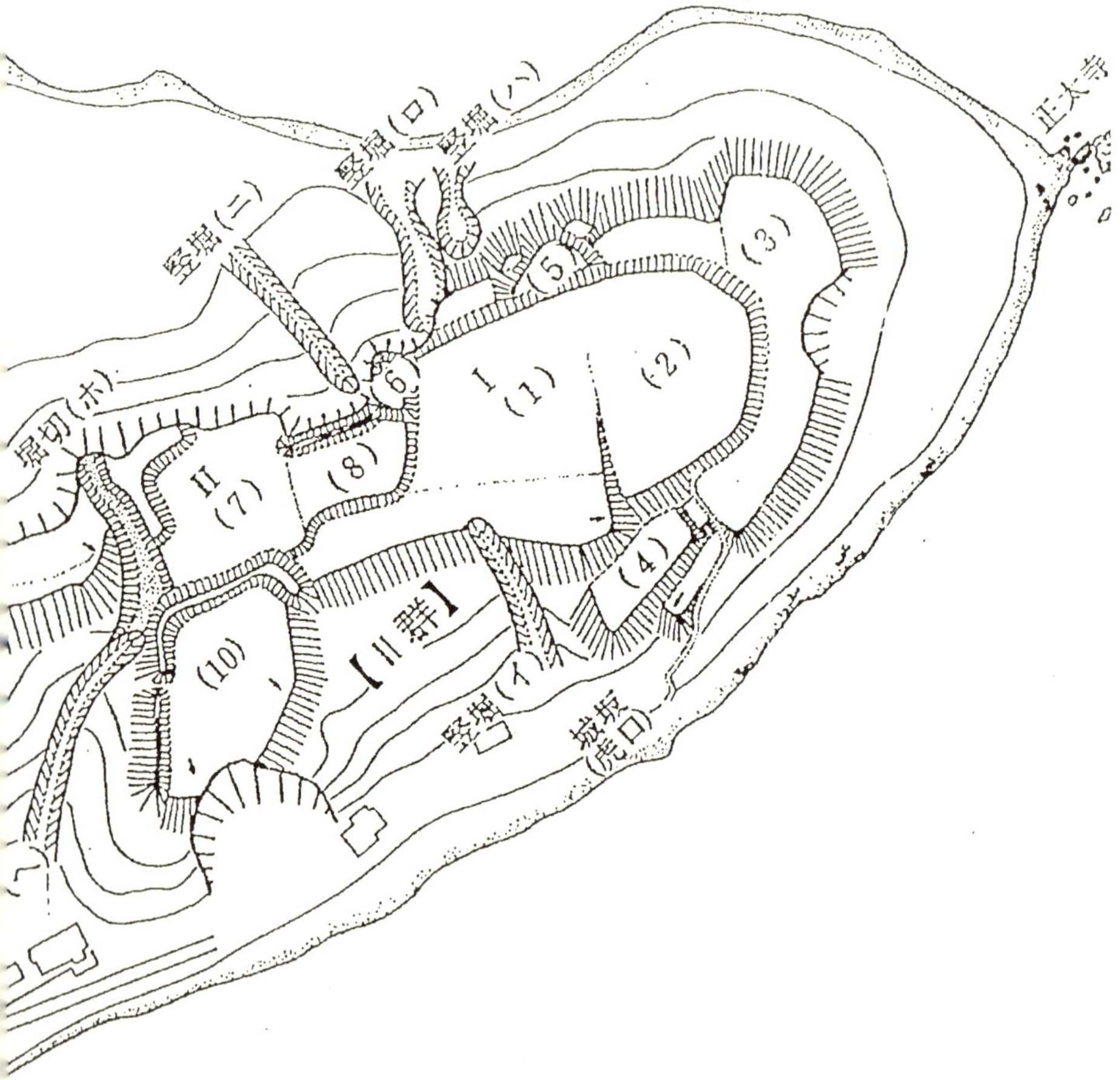

宇津山城跡概要図（作図：加藤理文）

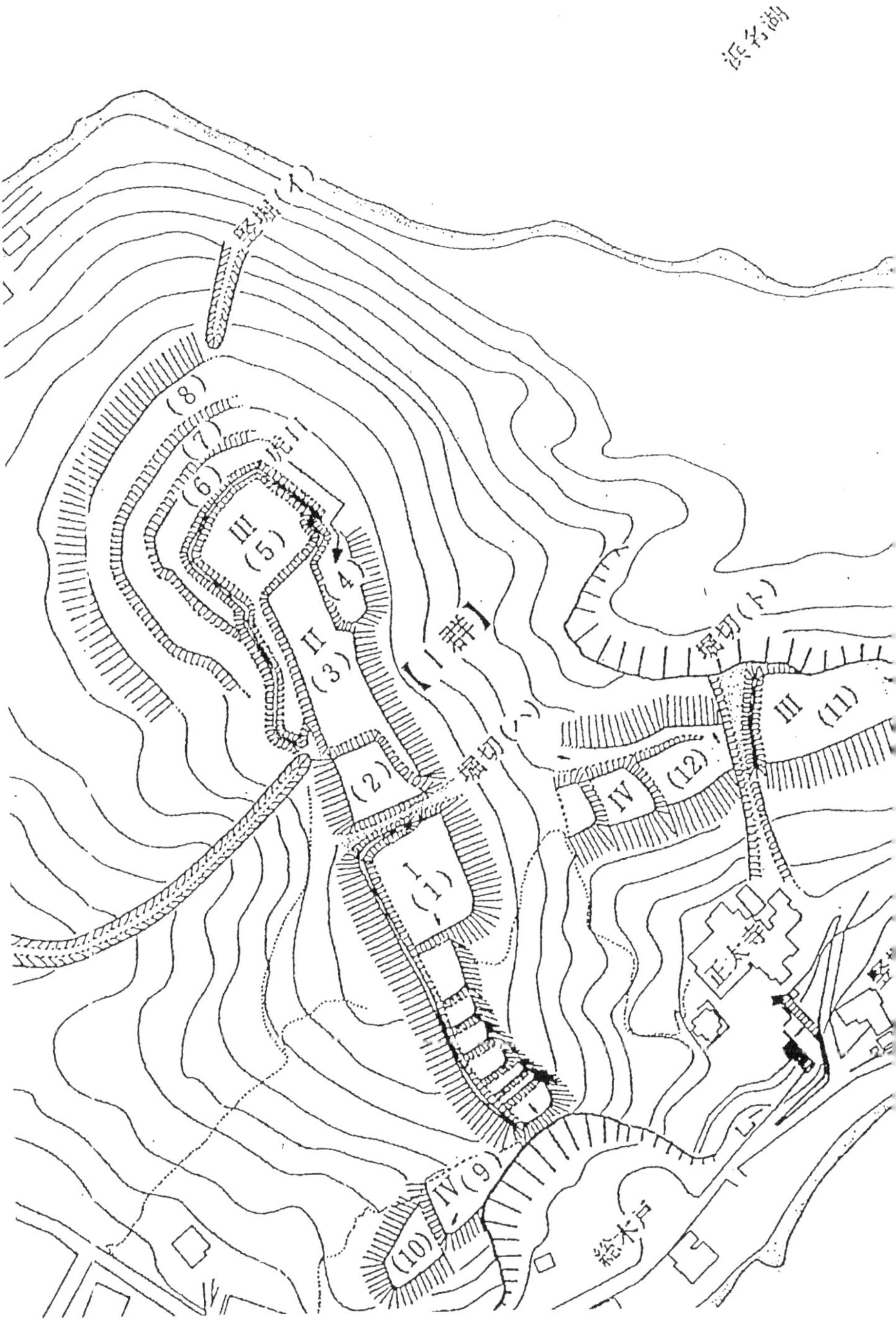
浜名湖
竪堀(イ)
(8)
(7)
(6)
虎口
III
(5)
(4)
II
(3)
【I群】
堀切(ハ)
堀切(ト)
III
(11)
(12)
IV
(2)
I
(1)
正太寺
IV(9)
(10)
総木戸

その後しばらく鵜津山城関係の史料は見られず、下って永禄七年（一五六四）二月二十六日の今川氏真判物写（三川古文書）に「岩瀬雅楽助兵粮、今度忩劇之刻、鵜津山城へ籠置分、朝比奈孫六郎へ相断請取之」とあるように、朝比奈孫六郎（真次カ）が城代として見える。そしてその後、大原肥前守資良が入る。

大原資良がこの城に入ったのは永禄八年三月、徳川家康に吉田城を逐われたからで、『遠江国風土記伝』に「城主は今川氏真の臣小原肥前守鎮実、三河国吉田より来りて住む、永禄十一年十二月、酒井左衛門忠次之を攻め城主退散す」とある（ここに小原鎮実とあるのは大原資良のことである）。しかし、資良の鵜津山退城を永禄十一年十二月とするのは間違いで、正しくは翌十二年五月懸川に籠城していた今川氏真が徳川家康と和睦した後であろう。

三　三河の城

【吉田城】愛知県豊橋市今橋町の吉田城跡

『三河国二葉松』は「始号今橋城、永正二年駿州今川氏親依命而築之、牧野古白住之、（中略）池田三左衛門ノ時有城普請ト云」とする。

永正三年（一五〇六）秋、今川氏親は今橋城に牧野成時（古白）を攻めて城を陥れ、成時は討死した。しかし牧野氏は滅亡したのではなく『宗長手記』によれば、大永四年（一五二四）から同七年にかけて牧野田三（信成、成時の子）が城主であったことが確認できる。大永七年四月駿府下向中の宗長は当城に立寄り「今橋、田三宿所、一日興行、ここは古白已来年々歳々芳恩の所也」と記している。

『三河国聞書』によれば、天文元年（一五三二）今橋城は松平清康に攻められて落城、城主牧野田三は討死、清康は戸田金七郎（後に三郎右兵衛尉宣成）と牧野伝兵衛（成敏）を置いたとある。天文十五年（一五四六）今川氏は戸田宣成が守るこの城を攻略した。年付のない十一月二十五日付の天野景泰あて今川義元感状（天野文書）に「今度三州今橋之城（中略）今月十□日辰剋、同城外構乗崩之刻、不暁ニ宿城江乗入」とあるのはこの時の城攻めの様子である。天文二十三年六月の吉田神社棟札銘写（吉田神社所蔵）に「吉田城代伊東左近将監元実」と見え、今川に接収され吉田城と改称されたこの城の城代が伊東元実であることがわかる。

後に城代は大原資良に替わった。永禄八年（一五六五）二月三日の今川氏真朱印状写（牛窪記所収）によれば、城中の兵糧米のうちの二百俵が鵜殿休庵と大原弥左衛門（資種）に、百俵が牧野右馬助や同山城守らに与えられている。同年三月、徳川家康の家臣酒井左衛門尉忠次の攻撃をうけて資良は鵜津山城に退却、替わって忠次が入った（今橋物語）。

【田原《たはら》城】愛知県田原町田原の田原城跡

『三河国二葉松』は「明応年中戸田弾正左衛門宗光築之、後今川家朝比奈肥後守守之、永禄七年本多豊後守、天正十八年ヨリ池田輝政家臣伊水清兵衛」とする。

天文十六年（一五四七）九月、今川勢は田原城（戸田尭光）を攻撃している。『常光寺年代記』に天文十六年の項に「閏七月三日ニ駿河勢田原ヘトリヨル」、同十七年の項に「八月廿八日田原城渡、戸田一紋（一門）悉候人（降人）」とある。そして接収したこの城に城代として朝比奈肥後守元智を置いた。

永禄八年（一五六五）三月、徳川家康は本多豊後守広孝をして田原城を攻め、駿河に逃亡した朝比奈元智に替えて広孝を城主とした（田原近郷聞書）。

【牛久保城】愛知県豊川市牛久保町の牛久保城跡

『三河国二葉松』は「〔牛久保村古城〕牧野出羽守保成、息田三郎成元、同右馬允成守（成定なるべし）」とする。今橋城を戸田氏に奪われた牧野氏がこの城に退却したのであろうか。

永禄四年（一五六一）幡豆《はず》郡西条城（西尾市の西尾城跡）に在番していた牧野右馬允成定の牛久保城中では松平元康の働きかけをうけて家中が今川方と松平方に分かれ四月十一日合戦となった（松平方は敗れて、岡崎へ向かって逃走、槙文書・稲垣文書）。六月二十日の今川氏真判物写（今川一族向坂家譜）によれば、匂坂六右衛門尉長能が在城を命ぜられ、また、同年七月二十日の岩瀬雅楽介宛今川氏真朱印状写（牛窪記所収）に「於牛窪抽奉公、殊城米令取替并塩硝鉛百斤城下入置之由、朝比奈摂津守言上神妙也」とあり、同六年二月二十九日の今川氏真判物（桜井寺文書）には「於牛久保朝比奈摂津守・伊東左近将監・長谷河石見守聞届」云々とある。

このような状況をみると、牛久保城には複数の城将がいて城の守備とともに「牛久保領」のことを沙汰していたように思われる。ちなみに、匂坂長能の在城は同七年五月まで確認できる（今川一族向坂家譜）。

【長沢城】愛知県音羽町長沢の岩略寺城跡

『三河国二葉松』によると、長沢村には古城、鳥居根城、岩略寺の城の三城が在り「同村、鳥居根城」の項に「又岩略寺ノ城ニ駿河方七頭籠、小原藤五郎鎮宗・糟谷善兵衛」とあるのがこの城のことであるという。天文二十年（一五五一）七月四日の今川義元判物写（今川一族向坂家譜）によれば、匂坂長能が在城を命ぜられたことが知られる。

なお『松平記』に、永禄四年（一五六一）八月「三州長沢城代糟谷善兵衛突て出〔岡崎衆と〕合戦……城没落し糟谷は駿河へ帰る」とある。

【医王山城】愛知県岡崎市舞木町城山（岩尾山）の山中城跡

天文十六年（一五四七）のものと推定される七月八日付の天野安芸守景泰宛て今川義元書状（天野文書）に「去比医王山取立候、普請早出来、各馳走之段注進」とあるのは、織田氏の攻撃をうけている岡崎城の松平広忠を支援するため、三河に出兵した今川勢の駐屯基地として、松平氏の旧城であった山中城を取り立てて改修したということであろう。

永禄三年（一五六〇）十二月二日の今川氏真判物写（「土佐国蠧簡集残篇」三）によれば、松井左衛門佐宗信が「松平蔵人・織田備後令同意、大平・作岡・和田彼

岩略寺《がんりやくじ》城（長沢山《ながさわさん》城）

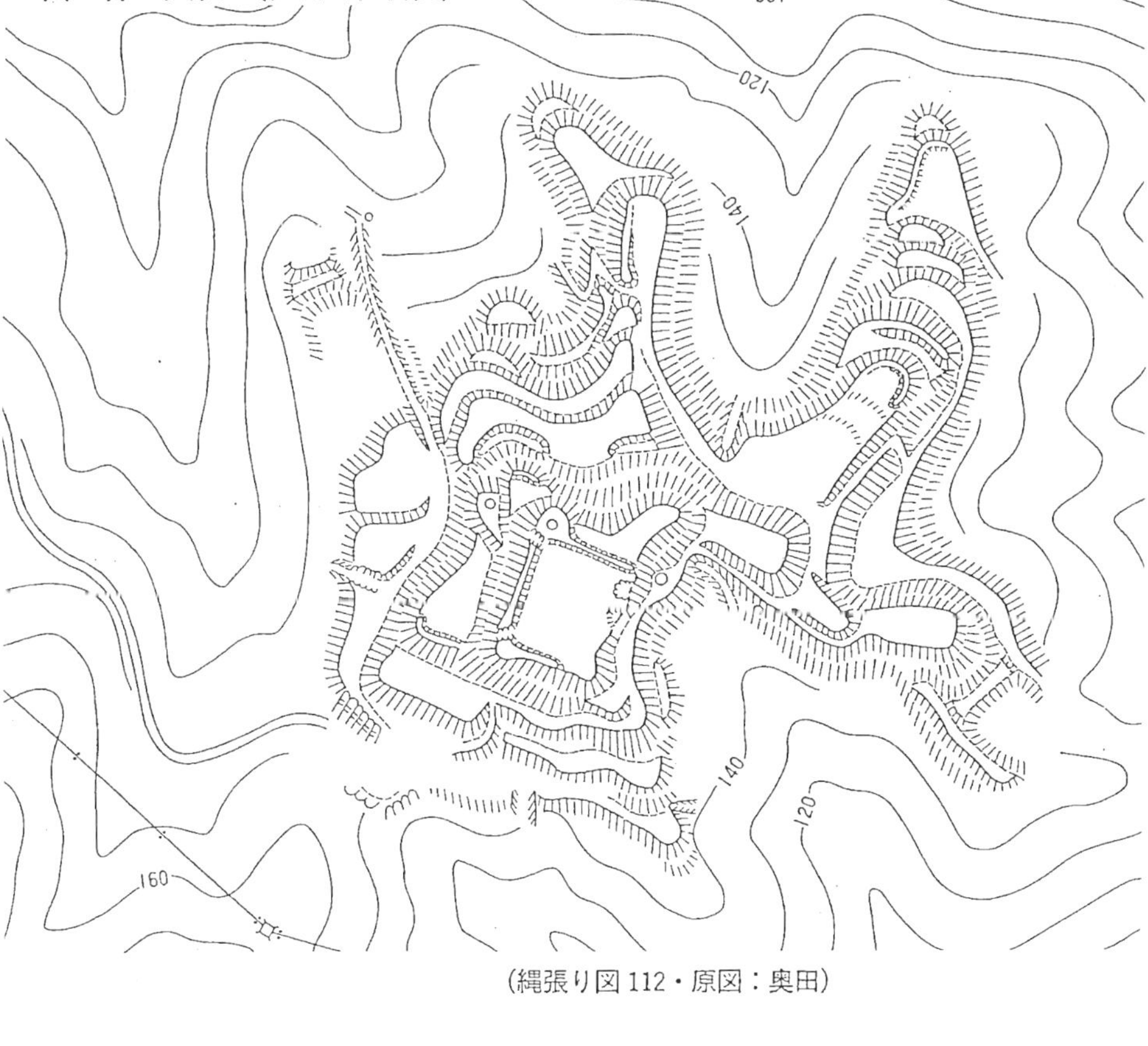

（縄張り図112・原図：奥田）

三城就取立之、医王山堅固爾相拘」えたとある。天文十六年松平広忠に叛いた同名信孝が織田信秀と結び、岡崎城を攻めるため岡崎城の南の大平・作岡・和田に築城したが、この時に松井宗信がこの城を守っていたのである。

またこの時、奥平仙千代（後の貞能）らもこの城において忠節を抽きんでたという（天文十六年八月二十五日「今川義元判物写」松平奥平家古文書写）。

なお、『三河国二葉松』に「〔同所（山中宿）古城〕福島左馬助晴興、又柴田伊豆守」とある福島晴興は、天文十八年二月九日の山中八幡宮寺鐘銘（古鐘銘集成）に「檀那福島右馬助春興」とある人と同人であろう。

【岡崎城】愛知県岡崎市康生町の岡崎城跡

『三河国二葉松』が「清康公・広忠公・家康公三代御在城云云」とするようにこの城は松平宗家の居城であった。『宗長手記』大永七年（一五二七）の記事に「岡崎といふ、松平二郎三郎（清康）の家城也」とあるが、これは竜頭山に築かれた今の岡崎城ではなく、その南、乙川の川向こうに在った明大寺城のことで、清康は享禄三、四

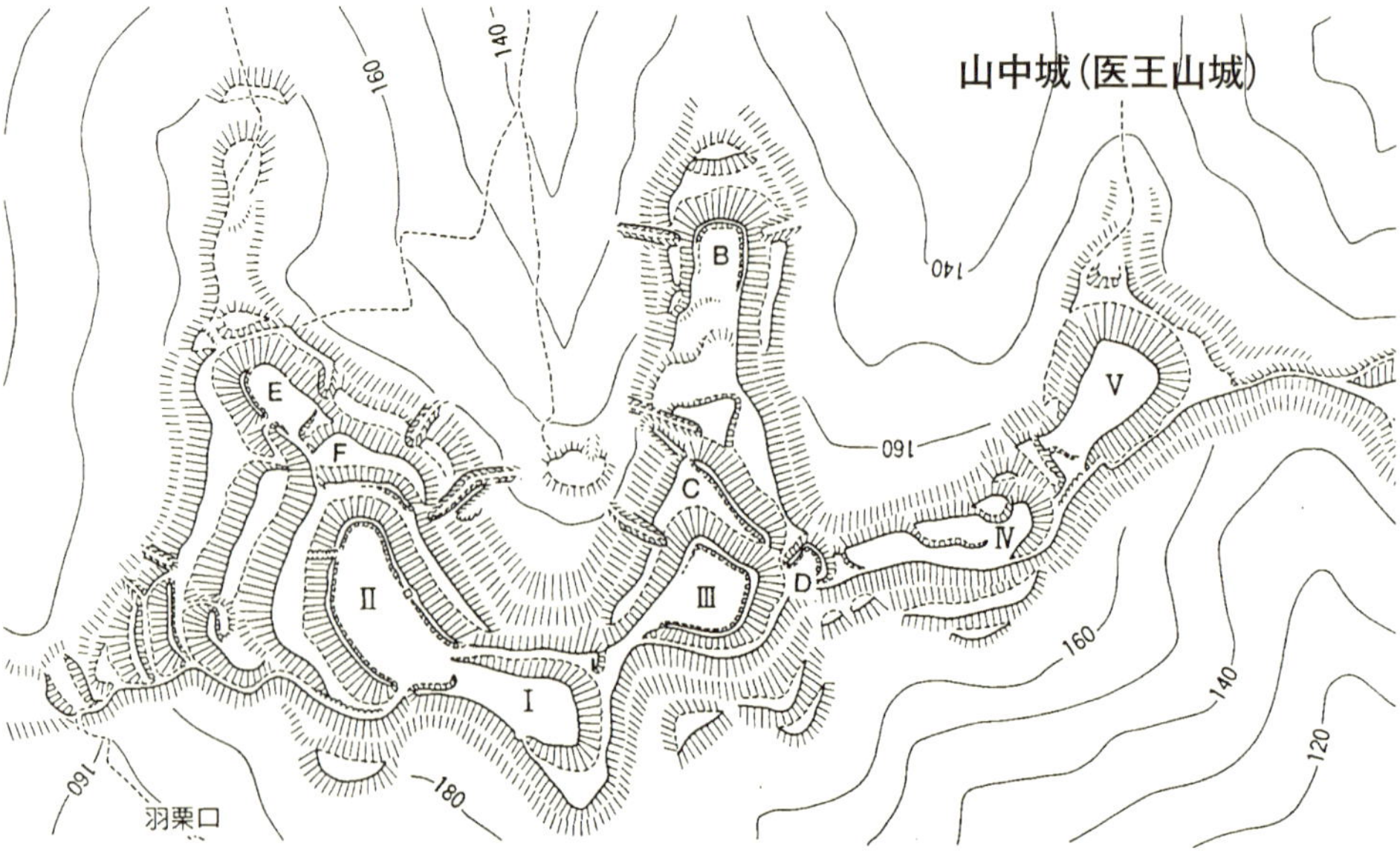

（縄張り図 111・原図：奥田）

年（一五三〇〜三一）ごろ、竜頭山に築城して明大寺城からここに移ったという（平野明夫『三河松平一族』）。

天文十八年（一五四九）松平広忠の死を契機に今川義元はこの城を接収し三河支配の拠点とした。天文二十年十二月二日の今川家臣連署起請文（東条松平文書）の連署人である飯尾豊前守乗連・二俣近江守扶長・山田新右衛門尉景隆、同二十二年三月十一日の酒井清秀書状（桜井寺文書）などにみえる糟屋備前守・山田新右衛門尉らはこの城に在番した奉行衆であるといわれる。

また、同二十三年十一月二日の今川義元判物写（今川一族向坂家譜）によれば、匂坂六右衛門尉長能らがこの城に入っていて「糟屋備前守同前諸事可走廻」と命ぜられている。なお『言継卿記』によって、弘治三年（一五五七）三月、引間城主の飯尾善四郎連竜の在城が知られる。

【西条城《さいじょう》】愛知県西尾市錦城町の西尾城跡

『三河国二葉松』に「号西条城、吉良義虎マテ代々居住、次牧野右馬允居之」とあるように、この城は吉良氏代々の居城であり、戦国時代は、義信―義尭（義信孫）―義安―義昭（義安弟）と代を重ねた。しかし、天文十八年（一五四九）に義尭が、弘治元年（一五五五）には義安が、今川氏に叛き、そのたびごとにこの城を攻撃され（天文十八年十月十五日「今川義元感状」徳川黎明会所蔵文書、閏十月四日「今川義元書状」内閣文庫所蔵走湯山什物）、弘治二年の義昭反乱に至り遂に今川氏に接収されてしまった。

今川氏は接収したこの城に家臣を入れた。弘治三年十月九日の今川義元判物写（三浦文書）によれば、三浦左京亮元政が三ヶ年の在城を、同年十月二十七日の今川義元朱印状（牧野文書）によれば、牧野右馬允成定が五ヶ年の在城を命ぜられている。

永禄四年（一五六一）五月、牧野成定が守っていた（三浦元政はそれ以前に駿河に帰る）この城を荒川甲斐守義広と酒井雅楽助政家が攻略し、政家が城主に据えられ、以後、西尾城と呼ばれるようになる。

四　尾張の城

【鳴海城】愛知県名古屋市緑区鳴海町の鳴海城跡

『信長公記』は山口左馬助（教継）の居城を鳴海城とするが、この城は天文十九年（一五五〇）頃、今川氏によって築かれたのではなかろうか。

『定光寺年代記』（瀬戸市定光寺所蔵）天文十九年条に「尾州錯乱、八月駿州義元五万騎ニテ智多郡へ出陣、同雪月帰陣」、同年と推定される十二月五日の今川義元書状（妙源寺文書）に「今度山口左馬助、別可馳走之由祝着候」とあるのは、今川義元の尾張出陣に際して、尾張国愛知郡作良郷（名古屋市南区呼続町）中村城主山口教継が今川方となったことを云っているのであって、この時に教継らによってこの城が築かれたと推測したい。

『三河物語』に「桶狭間の戦」の時、「此以前より、くつ懸・鳴海・大高をば取て持つたれば、くつ懸の城には駿河衆人番あり、鳴海の城をば岡部の五郎兵衛がゐたり」とある。

【岩崎城】愛知県日進市岩崎の岩崎城跡

『尾張志』に「当城は丹波若狭守氏清、天文七年あらたに築て本郷の城より移りて此処に住り、かくて其子右近太夫氏識、其子右近太夫氏勝、其子勘助氏次にて四代、天正十二年まて四十七年住へりしなり」とある。

ところが、天文二十二年（一五五三）の備前国の武士の道中日記（備前大村家文書）によれば「岩崎の城主福島するかより被越候て被持候」とあり、この城に今川家臣福島某が在城していることが知られる。なお「庭（丹波→丹羽）右近」は岩崎城の近くの藤島の城主であったともいう。

まとめにかえて

今川氏の支城を地域別に見てみると、駿河東部に位置する興国寺城と大宮城は「河東一乱」の後に築かれた国境の城であるが、一方では地域支配の拠点としての役割を果たしたと考えられるが史料的裏付けが得られない。なお、蒲原城は「河東の一乱」の時期は北条に備えた国境の城であった。

また駿河で唯一家臣の持城であったとみられる興津横山城も、永禄二年五月二十三日の今川氏真判物写（諸家文書纂所収興津文書）によれば、氏真は城主興津左衛門尉清房に対して「一城預置」としているので、考え方によっては支城の一つである。

次に、遠江の懸川城と二俣城・引間城の三城は、城主が世襲であり家臣の持城のようにも見えるが、そうではなく地域支配の拠点としての支城であることは間違いなかろう。なお、引間城にみられる「引間領」（永禄十一年四月十五日「今川氏真朱印状」米良文書）というような城に付属する領地が、懸川や二俣にもあったのではなかろうか。

懸川、二俣・引間以外の遠江の支城は、中尾生・刑部・浜名・鵜津山の四城であり、それぞれ氏親の代に築かれているが、義元の代になると刑部城以外は関連史料が見られなくなる。義元の代には三河まで勢力がおよび遠江が安定していたからであろう。

三河の吉田・田原・牛久保・長沢・医王山・岡崎・西条の諸城は天文十五年から弘治二年に至る十年間に今川氏が攻略するなどして接収、支城としたものであり、永禄三年十二月九日の今川氏真判物写（参州戸田文書）や同六年二月二十九日の今川氏真判物（桜井寺文書）などに、吉田領・牛久保領・長沢領という文言が見える

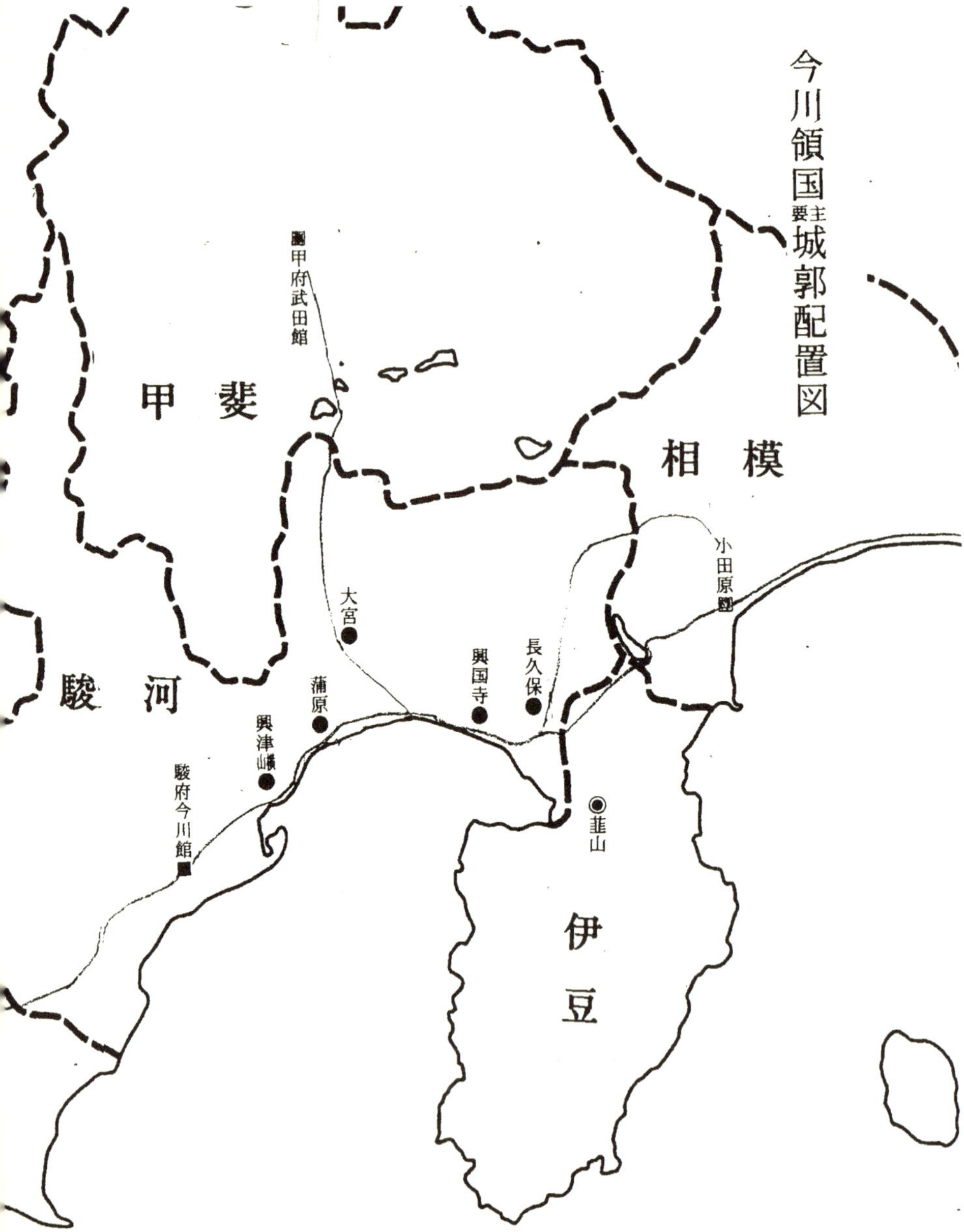

今川領国主要城郭配置図

美濃
信濃
尾張
清洲
三河
遠江
岩崎
刈谷
岡崎
医王山
西条
長沢
牛久保
吉田
田原
浜名
鵜津山
刑部
堀江
中尾生
二俣
引間
見付
蔵王
懸川
馬伏塚
高天神

が、これはそうした諸城に遠江引間城に見るような、城を中心とした支配領域が設定されていたということではなかろうか。

なお、史料に見えるこれ以外の三河の城には、野田城（菅沼氏）・伊奈城（本多氏）・大塚城（岩瀬氏）・西郡城（鵜殿氏）・深溝城（松平氏）・大給城（松平氏）・福谷城（丹羽氏）・上野城（酒井氏）・安城城（松平氏）などがある。

最後に尾張は、天文十九年・同二十一年・同二十二年と三度の義元自身による尾張出陣が推定されるが（定光寺年代記・高白斎記）、そうした中で鳴海城や沓懸城などが今川氏によって築かれたと思われる。しかし尾張における今川氏の軍事行動の詳細は明らかでない。

徳川家康の懸川城攻めについて

永禄十一年十二月、今川氏真は武田信玄が駿河に侵攻してきたため、駿府を捨てて遠州懸川城に向い、城主朝比奈泰朝に迎え入れられた。ところが信玄と示し合わせて遠江に軍を進めてきた徳川家康に城を囲まれて、その攻撃を受けることになった。

『三河物語』によると、遠江に入った家康は久野城の久野三郎左衛門（宗能）や、馬伏塚城の小笠原与八郎（氏助）等の今川家臣を寝返えられさせたうえ、懸川城攻撃に向け「不入斗」（山名郡不入斗《ふにゅうと》村、懸川城の西約六キロメートル）に陣を敷いた。そして「天王山」、西の「かわ田村の上」、南の「曽我山」に取出を築き、天王山に久野三郎左衛門、かわ田村の上に岡崎衆を、曽我山には小笠原与八郎を入れたという。

この懸川城攻めを、『松平記』は年の明けた正月のことから書き始めている。

一、永禄十二年正月十六日、家康衆、懸川城御攻被レ成候。青田山に付城をかまへ小笠原与八郎一党高天神衆有之。二藤山には岡崎衆番手に在レ之。かな丸山には久野三郎左衛門一党在レ之。同十八日、天王山の城より日根野備中守・弟弥右衛門・同弥吉、大将に出合、終日のせり合有レ之。家康方、久野三郎左衛門衆、先手にて悉討まけ、岡崎衆、二の手にてもり返しけれども、是も崩れ、（中略）其外随分の侍を駿河衆の方へ（被脱カ）討捕也。

一、袋井口川端に小倉内蔵助、藤（ママ）弾正忠かたむける。是も其日のせり合に高天神衆と合戦、（被脱カ）数多討等捕る、。家康大に怒、同廿一日、押合合戦を初給ふ。駿河衆打まけ数百人討死也。同廿三日、天王山のせり合に駿河衆（中略）皆、岡崎衆にうたれ候也。

さてここで問題にするのは、『三河物語』に、「天王山に取出を被レ成て、久野三郎左衛門を置せられ給ふ。」と、記されていることである。

天王山というのは、懸川城本丸山（竜頭山）の北東四〇〇メートルほどに位置し、先に『松平記』で見たように、この時期ここには日根野備中守一党が入っているので、天王山も城の一郭であり、徳川方がここを砦とするようなことは考えられない。『三河物語』には、『松平記』に見える青田山、二藤山、金丸山、三ヶ所の付城の構築や、天王山の城から日根野勢が出撃してきて合戦なったことなどの記述はなく、天王山、かわ田村の上、曽我山に砦を構えたことに続けて、「然間、永禄十二年己巳正月廿三日、落城して、氏真は小田原え落行給ふ也。」と、話が懸川開城に飛んでしまう（氏真の懸川出城は歴代古案所収遠山康光書状写に五月十五日とある）。

このようなことから、『三河物語』の天王山は久野三郎左衛門を入れたとしているので、「金丸山」の誤記と考える。

金丸山は、懸川城の西方一キロメートル半ほどに所在する丘陵で、それは曽我山（小笠山北部の呼び名）から北に延びてきた一つの尾根先でもある（現在は丘陵住宅地―中央高町）。なお、この山の両側には、懸川城の南側で城堀の役目を果し、その先で北方に大きく迂回し倉美川を合流し南下する逆川が流れている。

ところで、『家忠日記増補追加』には、「十七日、大神君兵ヲ卒(寧)シテ懸川ニ向ヒ、天王山ニ陣シ給フ。」とある。しかし先に述べたように、そのようなことは考えられず、この記述は『三河物語』の誤記を引き継いだものであろう。

ちなみに、『当代記』の懸川城攻めの記事は、「正月、家康、向ニ遠州懸河一出馬、寄衆少々手負失レ氣、廿日、於二懸河天王山一少合戦、城衆随分之者数多討死、家康快気し給。」となっていて、家康が天王山に布陣したとは当然ではあるが書かれていない。

　ところがこの有り得ない家康の天王山在陣説を、肯定的に説明しようとする記述が『浜松御在城記』に見える。「正月十七日、掛川城エ御出陣御攻被レ為レ成候。同十八日、天王山ノ城ヨリ日根野備中守」云々という『松平記』とほぼ同文の記事に付された註で、「入山瀬ニ御陣営、其後ハ外天王山ニテ、城内御見下被レ為候。」とある。つまり、家康が布陣したのは城内の天王山（これに内天王山と註す）ではなく、外天王山であったとしている。これは江戸時代、掛川城の北方五〇〇㍍余りの丘に天王社（現在の龍尾神社）が移っていて、そこも天王山と呼ばれていたことを念頭に置いたものと思う。しかし、こじつけがましく納得できるものではない。

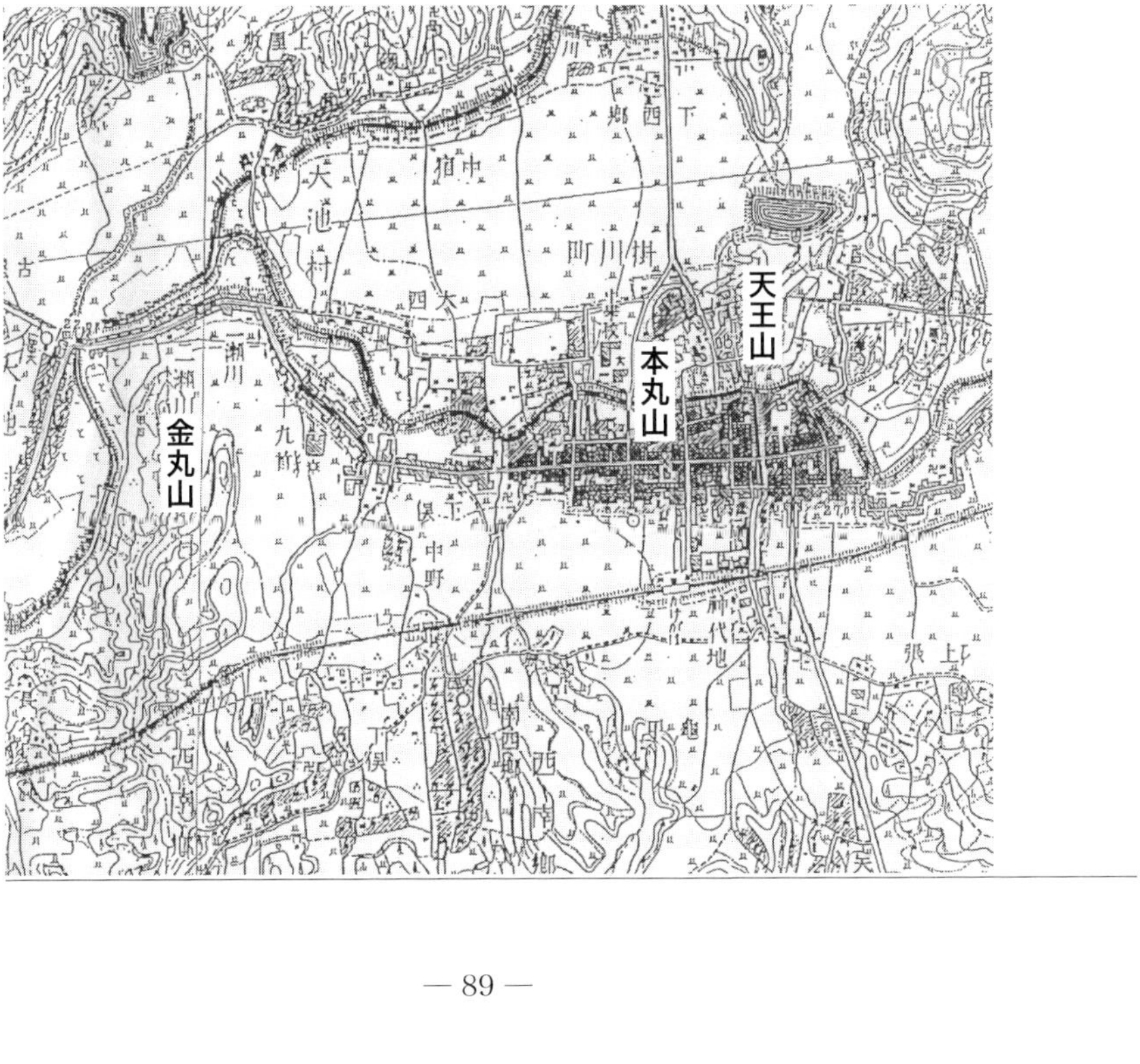

《付記》

『三河物語』に、家康が陣を敷いたとある「不入斗《いいやまず(せ)》」に、『浜松御在城記』が「入山瀬」の文字を充てたため、『高天神記』はこれを城東郡入山瀬村と見做し、そこにある「小笠山」の砦をこれにあてている。しかしこれは間違いで小笠砦は高天神城攻めの時に設けられた徳川方の付城の一つである（『家忠日記』・『三河物語』）。

また、「かわ田村の上」の砦であるが、当該地域には「かわ田村」は存在しない。しかしこれが誤記とすれば、沢田《さわだ》、あるいはその西方の各和《かくわ》の可能性があり、地理上からは逆川《さかがわ》と垂木川に挟まれた平地の沢田よりも、東側に南北に横たわる丘陵（南側は岡津）のある各和が有力ではなかろうか。

武田・徳川の攻防

この項は先に発表した「武田・徳川攻防の推移」の改訂版である。

はじめに

これまで『甲陽軍艦』巻第卅七に、「元亀二年辛未二月十六日卯の刻に、信玄公、甲府を御立なされ、富士の大宮に三日御逗留ましまし、〔其れより〕駿河田中へ御馬をうつされ、同月廿四日に、遠州こやま《（小山）》へ御馬を向《（け）》られ能満寺の御普請少（し）間に被二仰付一《おおせつけられ》、大熊備前を指置給《（き）》ひ、三月初に遠州城東郡高天神へ御働也」とある記事により、武田信玄の徳川領遠江国への侵攻の最初は、元亀二年（一五七一）であるとされてきた。

ところが、鴨川達夫氏が『武田信玄と勝頼』（岩波新書。二〇〇七・三）で、先の『甲陽軍艦』の記事に続く、同年四月の信玄の三河足助城攻めなどは史料の読み違いによる虚構であることを論証、その前の遠江侵攻も無かったとした。これを受けて柴裕之氏は「戦国大名武田氏の遠江・三河侵攻再考」（『武田氏研究』第37号。二〇〇七・一二）を発表し、信玄の高天神城攻めは元亀三年十月であったことを論証した。

以下、この論証に基づき、信玄の遠江侵攻を述べ、それに続く信玄の後嗣勝頼と徳川家康との攻防の推移を辿ってみることにする。

※引用史料の漢文、あるいは漢文風のものは出来る限り書き下した。なお出典の下の↓数字は『静岡県史』資料編8中世四の史料番号である。

一　三方原の戦

元亀三年（一五七二）十月三日、武田信玄軍は甲府を発向、駿河を通り遠江へ侵攻した（徳川美術館所蔵文書↓五〇五）。そして同月二十一日、三河作手の奥平監物入道道紋（貞勝）に次のような書状を送った（武市通弘氏所蔵文書↓三五三）。

〔史料1〕

兼日の首尾に違わず、各《おのおの》の忠節誠に感じ入り存じ候。向後に於いては、日を追って存分に入魂《じっこん》せしむべく候。弥《いよいよ》戦功専用に候。当城主小笠原悃望候間、明日国中《くになか》へ陣を進め五日の内に天竜川を越し、浜松へ向い出馬し三ヶ年の鬱憤を散ずべく候。猶、山県三郎兵衛尉申すべく候。恐々謹言。

十月廿一日　信玄（花押）

道紋

ここに当城主小笠原とあるのは、遠江南東部の高天神城主小笠原与八郎氏助である。（注①）武田軍に攻撃された氏助は「悃《（懇）》望」、すなわち降伏を願い出て、これを受入れた信玄は、明日国中《くになか》（袋井・見付方面）へ陣を進め、天竜川を越して家康の居城浜松を攻め、家康が信玄の宿敵である上杉謙信と同盟を結んだ元亀元年十月からの三年に及ぶ積もる恨みを晴らすと言うのである。（柴裕之氏前掲論文）。

そして、国中へ進んだ武田軍に対して、徳川の兵が見付の東の原に出てきた。『三河物語』に、「信玄は遠江へ御出馬有《（り）》て、木原・西島（山名郡。袋井の西方、西を太田川が流れる）陣取給へば、浜松よりもかけ出して、見付の原へ出て、木はら・西島を見る所に、敵方是をみて、おつ取〳〵のりかければ、各《おのおの》申《（し）》けるは、見付の町に火をかけて除《の》物《く》ならば敵方案の外に案内をよくしりて、上のだい《（台）》へかけあげて乗付ける程に、頓《やが》てひとこ《（一言）》との坂（見付の西の原の西坂）のおり立にて、のり付けるに、（一言坂の小競合いの記事を略す）信玄は見付けのだい《（台）》より、がうだゐ《（合台）》島（見付けの北方の北方三里弱に位置する）へ押上《（げ）》て陣取《（り）》其寄二俣の城を攻《（め）》ける」とある。

信玄が甲府を発向し、二俣に至るまでのことを、天文年間より元和元年までの徳川家康を中心とした編年録

『当代記』は次のように記している。

十月、武田信玄、遠江へ発向し、高天神表を通り、見付国府へ打ち出でらる。見付には浜松より人数《にんず》（兵のこと）を置かるると雖も、無勢《ぶぜい》（兵が少ないこと）の間引退く。信・甲衆、見付の古城普請の体を見て夥《おびただ》しい（はなはだしい）ことと云々。信玄、二俣へ押寄せ攻らる。

ちなみに武田軍の見付より二俣への進軍路であるが、この年十一月七日、武田軍の武将武田《(穴山とも)》左衛門大夫信君が今川旧臣三浦左京亮元政に参陣するよう誘う書状（三浦文書↓五四二）を出していて、その懸紙上書に「向《(匂)》坂より」とあることから、天竜川左岸の磐田原台地に沿って北上したと推定される。匂坂は天竜川の河川敷で、見付からは北西へ一里、そこから北上すれば三里ほどで二俣に至る。『三河物語』は、「信玄は見付台より合代島へ押上げて陣取、其より二俣の城を責めける」としている（合代島は匂坂の北二里弱に位置し、その北西一里余りに二俣城）。

遠江国豊田郡二俣郷（浜松市天竜区二俣町二俣）に所在

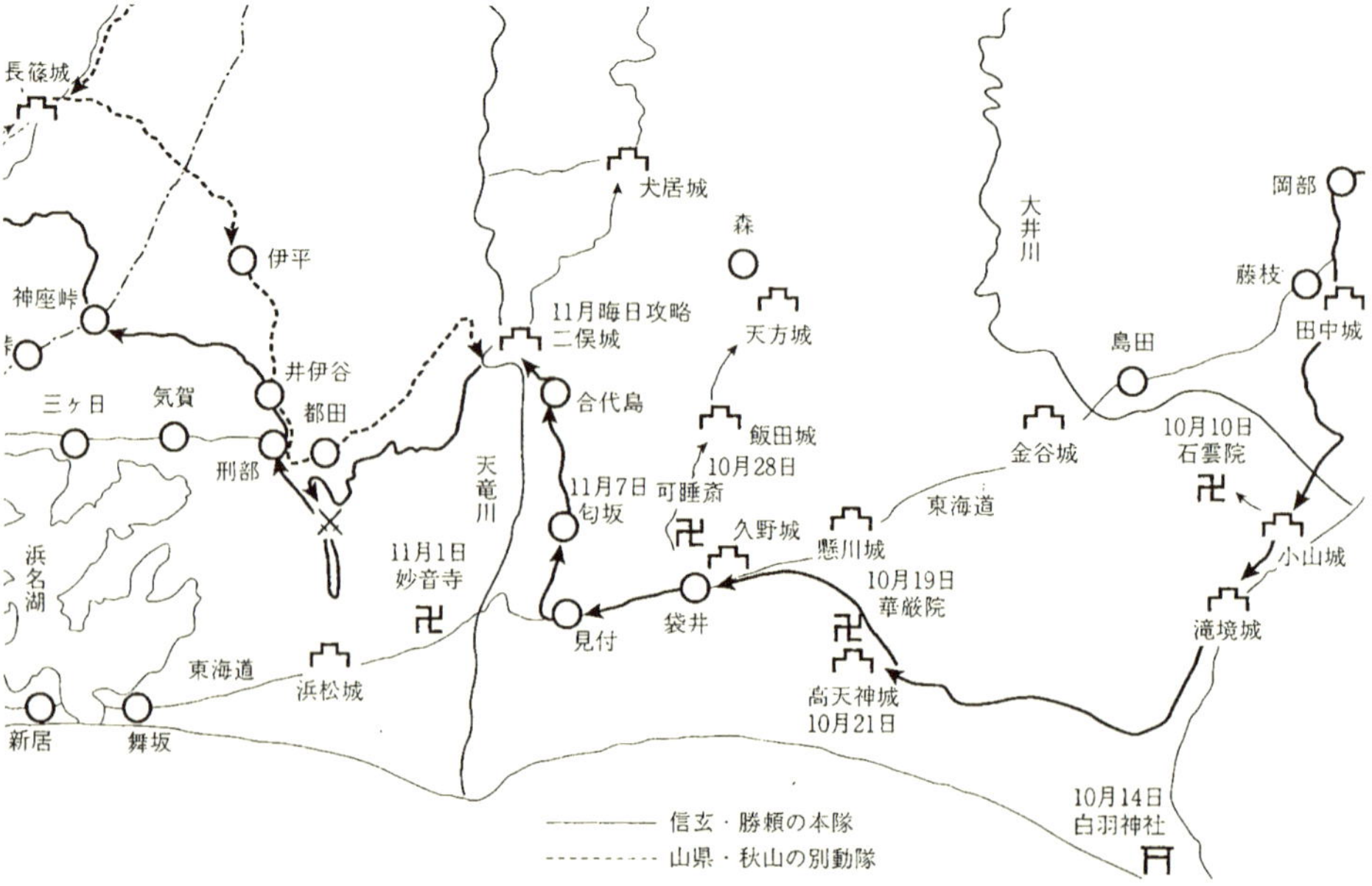

本多隆成『定本徳川家康』図26　武田軍の遠江・三河推定侵攻ルート

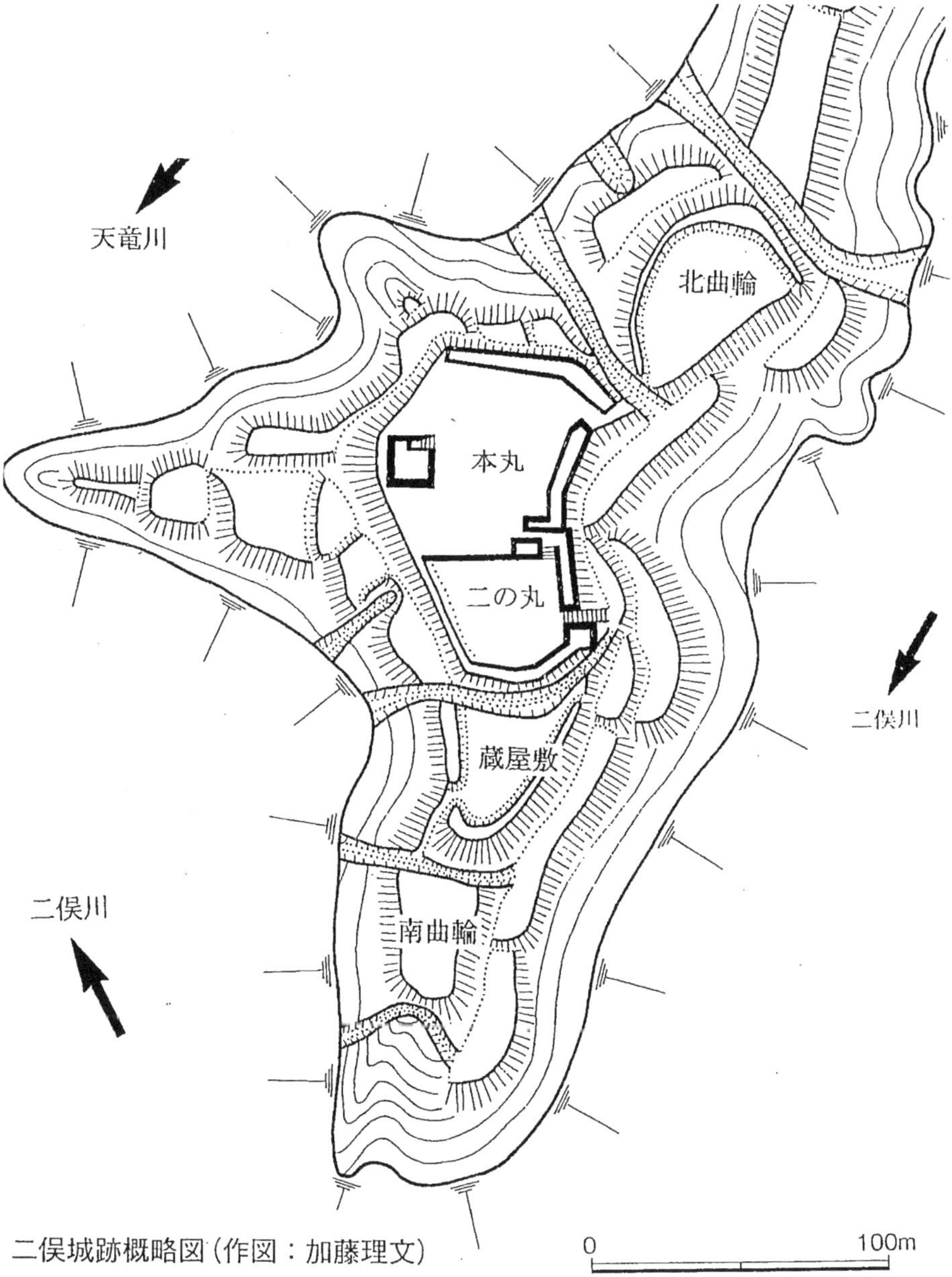

二俣城跡概略図（作図：加藤理文）

した二俣城は、今川氏の支城の一つで、徳川家康に接収され、この時中根平左衛門正照が城将として入っていた。『甲陽軍艦』品第卅九に、「信玄公（中略）其後《（の）》ふたまたの城へ取つめ攻めらるるに、四郎勝頼公・典厩（左馬助信豊）②・穴山殿（信君）、三人の大将にして、ふたまたを攻給ふ。（中略）ふたまたの城、水の手をとられ降参仕り、城を渡し浜松への《（退）》き候」とある。

　武田の別動隊として信濃伊奈谷から三河に入り、遠江の井平（浜松市北区引佐町井平、井伊谷の北方）を経て二俣城攻めに加わった山県三郎兵衛尉昌景は、「二俣の諸手、塀際へ押詰められ、殊《こと》に方々に候水の手、五三日以前これを取られ候間、天流《（竜）》の水を汲み候。これに依り巌船《（ママ）》を被《おお》い城岸へ着け置かれ、綆《綱》を切り候間、是も一円叶わず三日中に落居たるべき候条、御心安かるべく候」と、十一年二十七日、奥平美作守貞能（道紋の嫡子）に報じている（松平奥平家古文書写↓五五〇）。

　山県昌景の遠江進軍の道筋は、『当代記』によるものであるが、同書には秋山伯耆守虎繁（文書では信友）も同道したとしていて、先の山県昌景書状にも「貴辺（奥平貞能）御出陣の儀、何時も秋伯に談合せしめ」とある。

　二俣開城の日は、北条氏政が上野の由良信濃守成繁に宛てた十二月八日の書状（佐藤文書↓補遺二五六）に、「遠州二俣の地、去晦日（十二月三十日）懇望し出城の由、清水申し越し候」とある。そして『当代記』に、

　十二月、二俣落居の間、普請せしめ番手を入れ、同廿二日、信玄、都田へ打越し味方が原え打上がる。

とあるように、信玄は城に普請の手を加え、信州先方衆の蘆田下野守信守を留め置き、都田（浜松市北区都田）を通り、浜松城の北方に広がる三方原に陣を進めたのである（『甲陽軍艦』品第卅九。ただし同書には二俣から三方原への通過地は記されていない）。

この信玄の三方原《みかたはら》（『当代記』『甲陽軍鑑』は三方が原）進軍を、参謀本部編『日本戦史―三方原役』は、「十二月二十二日、北軍（武田軍）約二万七千人、野部ヲ発シ将サニ天竜川ヲ渡リ、大菩薩ヨリ三方原ニ上ラントス」とした。これは『三河物語』の「信玄は見付台より合代島へ押上げて陣取」と、『浜松御在城記』の「三方原へ進出シ大菩薩ニ陣取」を受けたものと思われるが、この野辺《のんべ》（合代島の北隣）から天竜川を渡り三方原に上がるということは有得ないであろう。第一信玄が合代島に陣取ったことが在ったとしても、そんなに何時までもそこに留まっている筈はない。また二俣から江戸時代の二俣街道沿に南下したとするものもあるが根拠が無い。

さて、三方原合戦であるが、『当代記』は次のように記している。

〔十二月〕廿二日、信玄、都田を打越味方が原之打上る。浜松衆物見として十騎廿騎づつ懸来り取合いの間、是を引取べくの由曰く、家康公出馬の処、不慮に合戦に及び、浜松衆敗北、千余討死す〈信玄人数二万、浜松衆八千計なり〉。浜松近辺に放火す。但し町中へは押入らず。則ち取詰むべくかの旨評議有り。然れ共家康公居城也、左右無く落居し難し由、談合せしめ後に十日に及び、彼の野に在陣也。

何とも中途半端な記事である。これを『三河物語』は、「味方原へ押上げて、井の谷へ入、長篠へ出んとて、祝田へ引きおろさんとしける処に、元亀三年壬申十二月廿二日、家康、浜松より三理《(里)》に及《(ん)》で打出させ給ひて、御合戦を成さるべきと仰ければ、(中略)各々是非に及ばんとて、押寄《(せ)》けり」と。合戦が三方原北端下の祝田（浜松市北区細江町中川の内）への下り口付近で始まったように記している。

しかし『松平記』では、「信玄、味方原まで押出す。一、家康へは信長より平手・水野・林・佐久間四郎《(人カ)》加勢に来る《(た)》由、信玄聞て、扨は軍は無益也。子細は他国へ来りて大敵と勝負大事也。すぐに刑部を推べしと評定

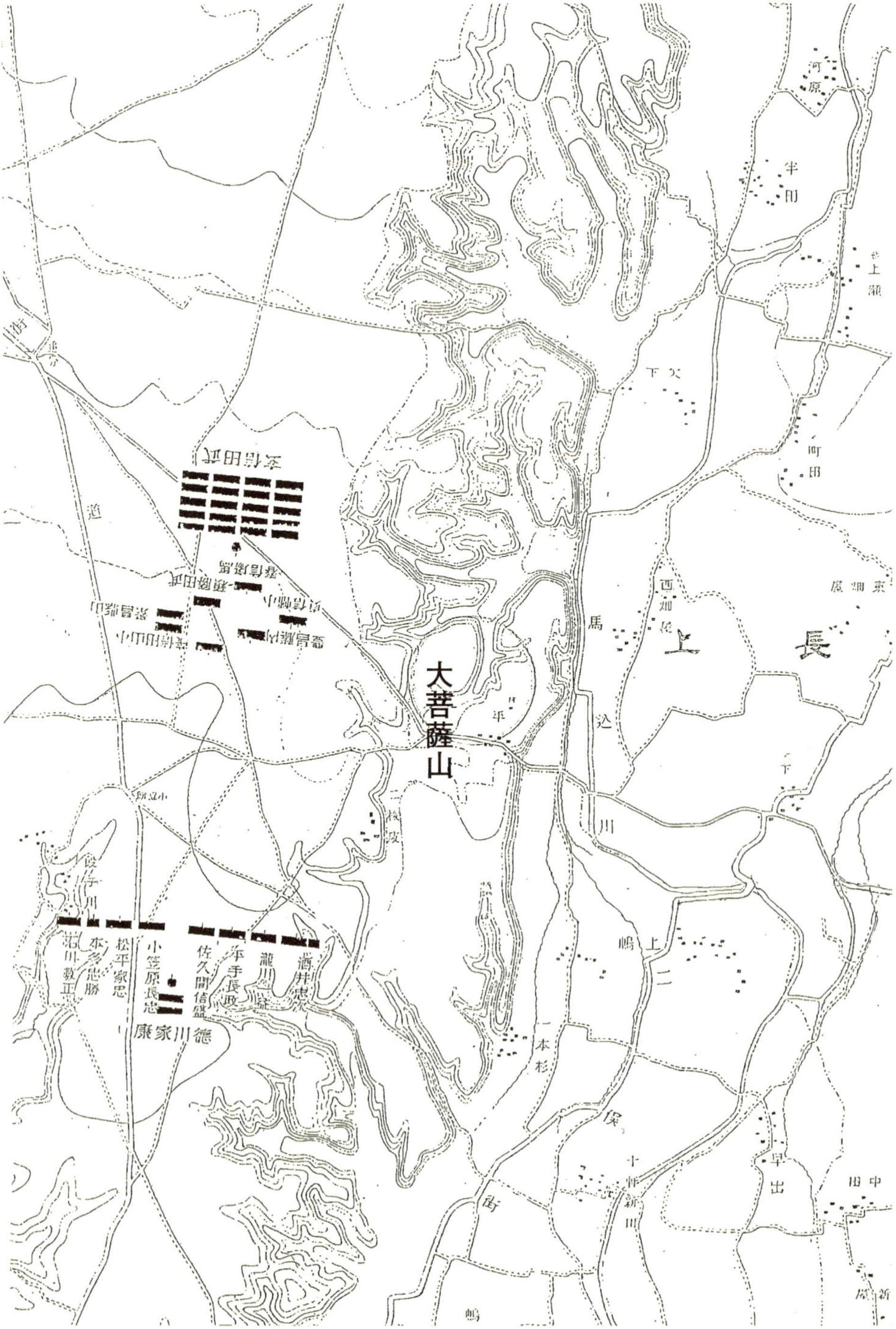

参謀本部編『日本戦史　三方原役』付図

の処に、浜松衆押出して対陣す」としているので、『三河物語』が「長篠へ出んとて祝田、引きおろさん」との次に、「評定」という言葉を脱落している可能性が高く、したがって合戦の緒戦の場所は三方原の北の端ではなく中央部、有玉（浜松市東区有玉西町）の大菩薩山の西方としている『日本戦史―三方原役』付図「三方原戦図」の説が妥当であろう。

三方原で浜松城から出陣して来た徳川軍を撃退した信玄のその後について『当代記』は次のように記している。

天正元年癸酉《みずのととり》正月、武田信玄浜松野に於いて越年、同三日井平を通り、三川（河）野田え押寄せ相攻めらる。彼城三月十八日落居す。城主、同じく人数《にんず》引連れ長篠へ引入らる。其後三方の人質と相替て、城主、同じく何凉（?）、吉田え送り遣わさる。

三月、信玄長篠に在陣し、彼の城普請これ有り。四月、信州を通り帰陣、長篠在陣中作手へも人数を遣し普請有り、番手を入れらる。同じく四月、信州駒庭（駒場）に於いて武田信玄卒す〈年五十三〉。

二　長篠開城と高天神城の奪取

元亀四年（一五七三＝天正元）四月十二日、武田信玄が没した。信玄は死に臨み三年の間喪を秘すようにと遺言したというが（『甲陽軍鑑』品第五十一）、到底隠せおおせるものではなかった。この年の六月二十六日、上杉謙信は家臣の長尾憲景に宛てた書状（赤見文書↓六三五）の中で「信玄果候儀必然に候。其の故は、徳川家康、五月上旬にも駿州久野根小屋を始め、駿府在々を打ち散らし、引返され候。重ねて乱入の由に候」と述べている。つまり家康が五月上旬、駿河久能城の根小屋（静岡市駿河区根古屋）や駿府（静岡市中心部）在々を打ち散らして引き返したと報せてきたことを以て風聞として伝わっている信玄の死が事実であると、謙信は確信したのである。

ただしこの家康の駿河侵入については、他に同時代史料はなく、徳川方の記録である『治世元記』では、五月六日三河岡崎城（岡崎市の岡崎城址）を出た家康は、八日遠江懸川城（掛川市の掛川城址）に入り、九日駿河の岡部の町に放火するよう命じて十日浜松城（浜松市の浜松城址）に帰った。としているので、家康は謙信に出した書状で駿河侵入のことを少し大げさに書いたのかも知れない。

『三河物語』に「元亀四年癸酉、二俣之城に向って取出を御取被ㇾ成ける。一ッ屋城山、一ッ合大島、一ッ道々、国中之押と被ㇾ成ける。」とあるように、この頃、家康も武田勢が入っていた二俣城に向かって砦を構えている。一ッ屋城（社）山と合大島（合代島）は二俣城の東南一里半ほど（天竜川左岸、ただし合代島の城跡は不詳）、道々は二俣城の西南西一里ほど（後世大平城址という）に位置している。ちなみに道々砦については中村昭司氏の「大平城は〝道々の砦〟」（『古城』45・平成11・7）という詳細な研究がある。

元亀四年は七月二十三日改元されて天正となった。改元のこの月家康は、武田方となっていた三河の長篠城（城主菅沼新九郎正貞、新城市の長篠城址）を攻めるため出陣し城を囲んだ。これに対し、信玄の跡を継いだ勝頼は、長篠の後詰として、三河へ、馬場美濃守信春をはじめとして小山田兵衛尉信茂・武田左馬助信豊らを、遠江へ、山県三郎兵衛尉昌景をはじめとして武田左衛門大夫信君・武田逍遥軒信綱（信廉）一条右衛門大夫信竜らを出陣させたという（『甲陽軍鑑』品第五十一）。次の山県昌景宛勝頼書状写（尊経閣古文書纂三六↓六六〇）はその時のものであろう。

其の已後の行、如何か聞き届け度く候。仍って敵、今に長篠在陣の由候条、其こ許の動き、工夫有り、如何様にも家康、其の表へ人数を分け、長篠の後詰に成り候の様、穴左・逍遥軒・朝駿・岡丹・岡次等と談合有り、調略尤に候。畢竟、二俣へ飛脚を付し、家康、引間まで退散の有無を聞届けられ人数を入れらるべく事、肝要に候。長篠表後詰の儀は、人事相調え候故、廿三、四の間、敵陣近辺まで陣寄せ候由候の条、定て今明の間、是非これ有るべく歟、此の旨を以て其の表の行、示し合せ候の様、肝煎尤に候。其の為に早飛脚を遣わし候。但し途半ばまで人数を納められ候わば、是非に及ばず候。恐々謹言。

八月廿五日　　　　勝頼（花押）

山県三郎右兵衛尉殿

〔史料2〕

勝頼が駿河江尻城（静岡市清水区江尻町に所在した）の山県昌景に対して、穴左（武田信君）・逍遥軒（武田信廉）・朝駿（朝比奈信置）・岡丹（岡部元信）・岡次（岡部正綱）らと談合して、遠江へ出陣し、長篠城を囲んでいる徳川勢を牽制するよう指示している（注③）。

そして九月八日、信濃の真田源太左衛門尉（信綱）に宛てた書状（真田文書↓六七〇）で、勝頼は「遠州へ動の衆は、直に二俣を通り長篠へ出勢の旨、下知を成し候。然れば則ち勝利は疑なく候」と述べているが、この日長篠は開城して徳川方となってしまった。その十日後の十八日勝頼は、武田信君に次のような書状を送り遠江出陣を労った（本成寺文書↓六七三）。

急度一筆染め候。抑、今度長篠の後詰として遠州に至る行の儀、憑入り候の処に、始中終御肝煎の由、祝着に候。因茲、彼の表無残に撃砕き本望満足に候。然りと雖も長篠存外の仕合せ、無念千万に候。去る十四日、各、其地へ帰城し、翌日より普請仰せ付けられ候趣、肝要至極に候。随て蒲庵演説の分は、御煩いの由心許なく候。服用の為、牛黄団（円カ）五貝これを進じ候。油断なく保養を加えらること尤に候。恐々謹言。

九月十八日　　　　　　　　　　勝頼（花押）

左衛門大夫殿

〔史料3〕

長篠城を敵に取られてしまった勝頼は、十月、遠江に出陣して家康を挑発したが、家康がこれにのらなかったため、引き上げる途中、遠江の東端である大井川の西の台地「駒場」（榛原郡牧野原村→島田市菊川）に城を築いて、懸川城などの押さえの足場とした（『甲陽軍鑑』品第五十一・『三河物語』）。この様子が次に示した下野の天徳寺宝衍（唐沢山城主佐野昌綱の弟、後の佐野房綱）に宛てた勝頼の書状の中に見える（古文書雑集五→六九五）。

当口出馬に就き、昌綱より、態、音問に預り候。寔に御入魂の至り大慶に候。徳河楯篭り候、浜松を始めとして、在々所々の民屋一宇も残らず放火し、稲も悉く苅捨て、毎事本意を達し候。御心安かるべく候。然れば久野・懸川等の敵城、押詰むべき為、佐夜郡に於いて地利を築き候。普請大略成就し候間、人数を篭置き候て、帰陣せしむべく候。（中略）氏政、関宿に向い詰陣に及ばれ候歟、敵味方、備の様子如何に候、承り度く候。恐々敬白。

十一月四日　　　　　　　勝頼在判

天徳寺回章

〔史料4〕

文中「佐夜郡」（佐野郡）とあるのは「榛原郡」とするのが正しく、隣接した場所であることからの間違いであろう。この新城には諏訪明神が祀られたので、城は諏訪原城と呼ばれることになる。

年が替わり天正二年（一五七四）四月上旬、家康は、武田方となった天野宮内右衛門尉藤秀を討つため遠江犬居谷（周智郡犬居〈領家〉・気多・熊切郷一帯、犬居山中ともいう）へ攻め込んだが、大雨により気田川が増水して、軍を進めることができず退却を余儀なくされ、引き上げる途中では天野勢に遊撃されて兵士何人かを失った（『三河物語』『浜松御在城記』）。

五月に入ると勝頼が遠江に出陣して来て、十二日徳川方の小笠原与八郎氏助の守る高天神城（城東郡嶺村↓掛川市上土方の高天神城址）を囲んだ。このことは直ちに家康から在京中の織田信長に伝えられ、十五日報せを受け取った信長は翌十六日京都を発って岐阜城に向かった（『多聞院日記』）。家康は信長が浜松に到着してから高天神城の後詰をしようとしていたが、高天神城では直ぐにも駆付けてくれると思った家康がなかなか動いてくれないので、小笠原氏助は城が持ち堪えられない時のことを考えて降伏条件を提示した。これに対して勝頼もその降伏条件を受け入れ五月二十三日、次のような書状を城攻めの大将である武田玄蕃頭信君に送っている（桜林文書↓七五七）。

〔史料5〕

小笠原の所望に任せて誓詞これを遣わし候。相渡さるべく候。其の外、合力、并びに領知等の儀も、一々領掌せしめ候。条目の通り得心有り、弥、然るべく様御異見尤に候。恐々謹言。

五月廿三日　　勝頼（花押）

玄蕃頭

氏助が要求した誓詞が添えられていて、信君からこれを渡すようにとあり、領知（領地）等のことも一つ一つ領掌したことを伝えている。しかし、徳川の後詰にも望みを捨てきれない氏助はそれでも開城することを渋っていた。

二十八日の勝頼書状（真田文書↓七五九）によれば、

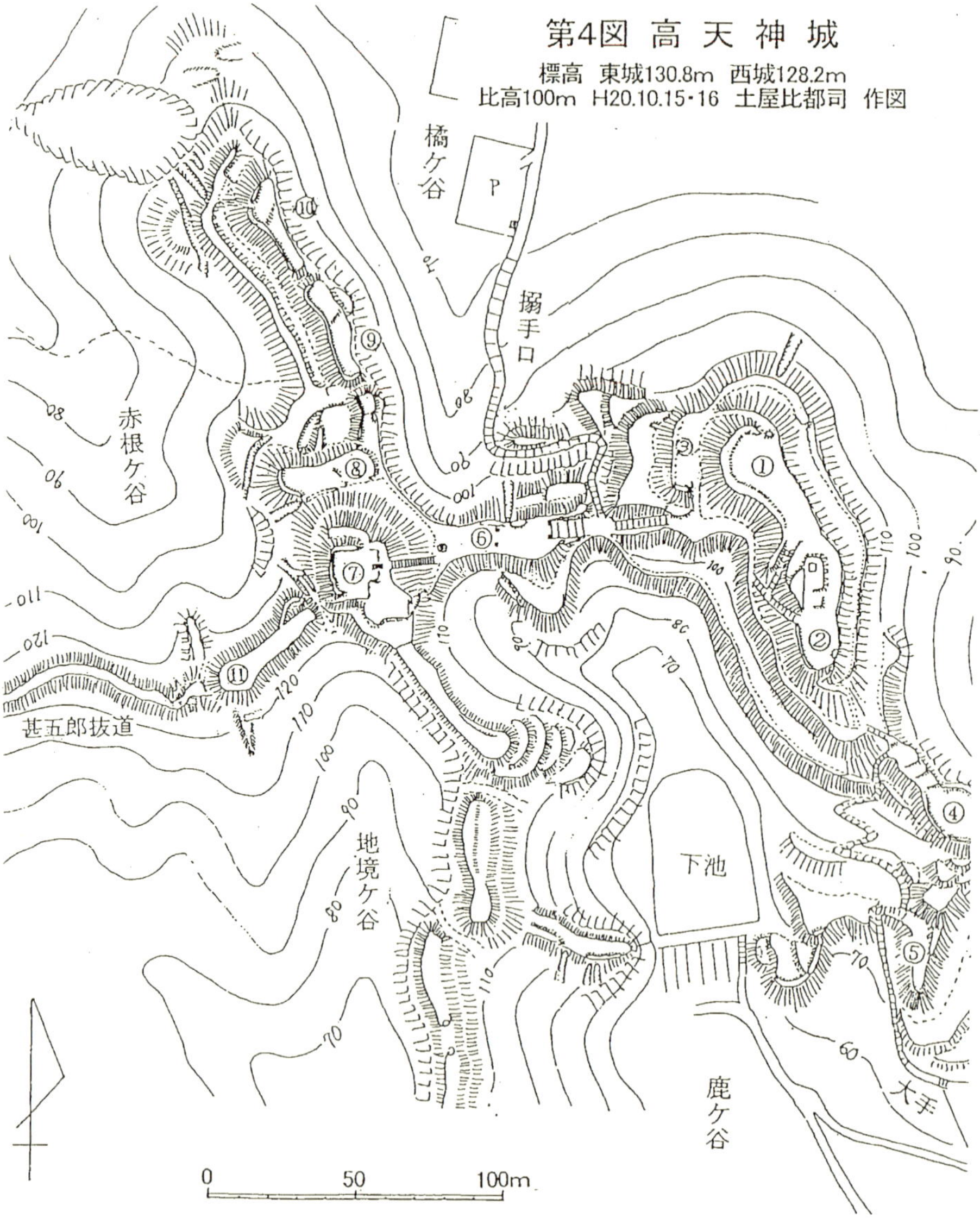

第4図 高天神城
標高 東城130.8m 西城128.2m
比高100m H20.10.15・16 土屋比都司 作図

① 本丸 ②御前曲輪 ③的場曲輪 ④与左衛門曲輪（三の丸）⑤着到櫓 ⑥井戸曲
⑦西の丸（高天神社 ） ⑧二の丸 ⑨堂の尾曲輪 ⑩井楼曲輪 ⑪馬場平

念に入れられ、節々脚力到来珍重に候。先書に顕わし候如く、当城、涯分油断無く諸口相稼ぎ候故、本・二・三の曲輪塀際まで責め寄せ候。落居十日を過ぐべからず候、昨今は種々悃望候と雖も、許容能わず候。然れども僥倖軒の医療の故に、一徳斎の煩い少々験気を得らるの由大慶に候。猶、其の城の用心疎略なく肝煎頼み入り候。恐々謹言。

五月廿八日　　　　　勝頼（花押）

（欠宛所）　※文中に一徳斎（真田幸隆）とあるので真田信綱あてカ。

とあり、この日までに武田勢は本曲輪・二の曲輪・三の曲輪、それぞれの塀際まで攻め寄せていて、勝頼は落城まで十日はかからないとみている。次に示した書状（『武州文書』豊島郡↓七六七）は、その十二日後の六月十一日、勝頼が信濃衆の大井高政に宛てたものである。

〔史料6〕

当陣の様子心許無きの旨、跡部大炊助の所へ、態、飛脚祝着に候。其の城用心等油断無きの由、肝要至極に候。当城の儀は、去る十二日より諸口に取詰め相稼ぎ候故、昨日塔尾と号す随分の曲輪を乗取り候。本・二両曲輪計り指措き候。但し三日の内に責め破るべく候。心安かるべく候。城主今日は種々悃望候と雖も、許容能わず候。恐々謹言。

六月十一日　　　　　勝頼（花押）

大井左馬允入道殿

〔史料7〕

昨日（十日）二の曲輪の北に張り出している塔尾曲輪を乗取り、残るは本曲輪と二の曲輪だけとなった。よって三日の内には攻略せしめると、高天神落城が目前に迫ったことを勝頼は大井高政に伝えている。しかし十四日になっても城は落ちなかった。この日信長は岐阜城を発向し、十七日三河の吉田城に入った（『信長公記』）。

そして十八日、高天神城では二の曲輪が岡部次郎右衛門尉正綱の率いる兵に占領されてしまった。そのため、最早これまでと城主小笠原氏助は、正綱らの勧めに応じて城を開いて投降した（『甲陽軍鑑』品第五十一）。城が囲まれてから三十五日目であった。高天神落城の報せは、翌十九日浜名湖の今切を船で渡ろうとしていた信長のところに届けられ、これを聞いた信長は直ちに軍を返した（『信長公記』『三河物語』）。

高天神に入城した勝頼は、氏助に弾正少弼信興の名を与え、引き続き高天神を守るように命じ、七月九日、山名郡の法多山一乗院と榛原郡の白羽大明神に寺社領の、山名庄諸井郷の伊達与兵衛尉宗綱・同庄高部郷の本間八郎三郎に所領の安堵状を与え（尊永寺文書↓七八〇・白羽神社文書↓七八一・駿河伊達文書↓七八二・本間文書↓七八三）、その月の下旬、甲府に帰陣した（保坂潤治氏所蔵文書↓八〇七）。

なお、高天神に残された与八郎氏助改め弾正少弼信興は、七月から八月にかけて高天神周辺の寺社に寺社領の安堵状を出している（宗禅寺文書↓七八九・華厳院文書↓七九六・正福寺文書↓八〇四・賀茂神社文書↓八一九）。ちなみに信興の高天神城主としての最終文書は、天正三年二月二十四日、法多山一乗院に宛てた寺領安堵状（尊永寺文書↓八九四）である。

三　長篠の戦から諏訪原開城へ

天正二年正月、勝頼は美濃に進攻して、二月、織田方の明智城（城主遠山友治）を攻略し（『甲陽軍鑑』品第五十一）、前項で述べたように、六月には高天神城を開城させた。そして翌三年四月の三河進攻となる。こうした勝頼の行動は信玄の事業を引き継ぐ意志の表れで、三河への出馬は家康とその後にいる信長を討つためであったといわれる（鴨川達夫『武田信玄と勝頼』岩波新書）。

武田の重臣である武田信君は、天野藤秀が遠江から飛脚を以て三河出陣の様子を尋ねてきたのに対し、四月十四日返書で（布施美術館所蔵文書↓九〇一）、

尾・三両州に向かい出勢の趣相聞き、早々脚力を以て御申し、念を入れらるの由、一段御祝着に候。内々相招かれ、爰許の様子、御談合有るべく候へ共、手前の事に候の条、差置かれ候。谷中堅固の仕置肝要の由、某、相心得回報に及ぶべくの趣、御意に候。随て小四郎殿御参陣候。拙夫（者カ）先にこれ有る故、万事不如意たるべく候。委曲は後音を期し候。恐々謹言。

卯月十四日　　玄蕃頭 信君（花押）

宮内右衛門尉殿御返報

〔史料8〕

と、大野の使者到来を謝すとともに、その所領犬居谷の仕置きを堅固にするよう指示し、勝頼の許にある子息小四郎（景貫、天野文書元亀四年七月五日勝頼判物）も参陣することを知らせている。

また、四月晦日、勝頼に従った江尻城主山県昌景が、江尻在番の孕石主水助元泰に宛てた書状（孕石文書↓三三一）によれば、四月十五日、三河に進攻した武田御先衆は足助城（城主鱸重直、足助町の足助城址）を降した後、設楽郡作手郷（作手村）に出陣して来た勝頼率いる本隊に合流し、先ず野田砦（新城市の大野田城址）を攻めこれを陥れ（城主菅沼定盈は逃亡）。さらに南下し吉田城（豊橋市の吉田城址）に向かい、二十九日、昌景・小笠原信嶺・山家三方衆の軍勢で、城から出てきた家康を迎え撃ち退散させたという（芝裕之「長篠合戦再考」『織豊期研究』第十二号）。しかし、吉田城に退却した家康は籠城する作戦に出たので、勝頼は引き上げて徳川方の長篠城（城主は奥平信昌）を囲み（『大須賀記』）、五月十一日から攻撃を開始した（『当代記』）。

これに対して単独では長篠城を救援出来ないと見た家康は、早馬を織田信長に遣わして加勢を要請をした（『松平記』）。家康の要請を受諾した信長は五月十三日岐阜城を発向し、翌十四日岡崎城でこれを迎えた家康は、十六日信長と共に長篠に向かい、十八日長篠城の西南、有海原（後の設楽原）の西北の丘陵に陣を据えた。この徳川・織田の連合軍に対して勝頼は決戦に出た（『信長公記』）。

次の勝頼書状（桜井家文書）は、駿河衆の三浦右馬助員久から、長篠の勝頼に送られた書状に対する勝頼からの返書である。

〔史料9〕

当陣の様子心許なきの間、態、飛脚祝着に候。万方本意に属し候の間、安堵たるべく候。然れば長篠の地に取詰め候の処、信長・家康、後詰として出張候。指したる儀無く対陣に及び候。敵、手立の術一段逼迫の体に候の条、無二に彼の陣へ乗懸け、信長・家康両敵共、此の度本意を達すべき儀、案の内に候、猶、其の城の用心別して念を入れらるべき儀、肝要たるべく候。恐々謹言。

五月廿日　　勝頼（花押）

三浦右馬助殿

五月二十一日、有海原において、武田と徳川・織田連合軍は合戦の火蓋を切った。結果は武田の大敗、信玄以来の名将の多くが討死した。いわゆる「長篠の戦」である（高柳光寿『長篠の戦』・太向義明『長篠の合戦』）。ほうほうの態で伊那谷を経て甲斐に逃げ帰った勝頼は、甲府に到着する前日の六月朔日（注④）、駿河田中城（藤枝市の田中城址）の城番衆と思われる武田上野介信友・小原宮内丞継忠・三浦員久の三人（注⑤）に宛てた返書（関家文書↓九〇八）で、

一戦の様子に就き心元無き余りの旨、態、飛脚喜悦に候。先衆二、三手、利を失い候と雖も指たる義無く

候。玄番（蕃）頭を始めとして、左馬助・小山田・甘利の諸頭、諸卒恙なく候。尾・濃・三境目の仕置、手堅く下知を加え馬を納め候。心安かるべく候。委曲は府内より申し遣わすべく候。恐々謹言。

追而、其の城の用心専要に候の間、聊も御油断有るべからず候。
玄番頭殿江尻へ相移り候条、毎事相談尤に候。以上。

六月朔日　　　　勝頼（花押）

上　野　介殿
小原宮内丞殿
三浦右馬助殿

〔史料10〕

と、長篠で大敗北したにもかかわらず「先衆二、三手、利を失うといえども余儀なく候」と負惜しみを言い、追て書きで討死した山県昌景に代えて武田信君を江尻に入城させることを伝えている。

「長篠の戦」直後の五月二十七日、家康は兵を駿河の清見関辺りまで侵入させ所々に放火させたようである。『今川氏真詠草』に「廿七日駿河筋動所々放火」とあり、賎機山や浅間社、清見潟を詠み込んだ歌を載せる（注⑥）。このことは、遠江犬居谷の天野藤秀に送った勝頼書状（写。天野文書↓九一〇）に「今度駿州に至る敵、動き候」とあることからもうかがうことができる。また、六月七日付けの小浜景隆ら宛勝頼書状（小浜文書↓一三一五）に「今度敵、其の表へ相揺き候の処、（中略）下知に応じて其の地に在陣」云々とあることもこの時のことであろうか。

急度一筆染め候。仍って今度駿州に至る敵、動き候と雖も、其の谷無事満足に候。光明の番申し付け候間、定めて移らるべく候歟、弥、谷中堅固の備え任せ入り候。就中、子息小四郎此の度、長篠法元に於いて最前に川を越し、則ち鐙を合わせ別して粉骨、誠に感悦に候。其の上何事も無く退かるの儀、勝頼大慶これに過ぎず候。猶、玄蕃頭江尻在番候間、用所等相談さるべく候。恐々謹言。

六月七日　　勝頼　判

天野宮内右衛門殿

〔史料11〕

これは天野藤秀宛勝頼書状写の全文であるが、これによって藤秀が遠江光明城の在番を申し付けられていたことがわかる。光明城は犬居谷の南方に位置する光明山に構えられた城である。七月、家康は二俣城（浜松市天竜区の二俣城址）に発向し、その周囲に付城（蜷原・毘沙門堂・鳥羽山・渡ケ島の四砦）を築き対峙したが、城の守りが堅いので包囲をそのままにして北上、光明城を攻めてこれを陥れた（『三河物語』）。この知らせを受けた勝頼は、山県源四郎昌満（長篠で討死した昌景の子）に次のような書状（孕石文書↓九一二）を送っている（注⑦）。

急度一筆染め候。仍って敵光明へ揺き候の処、在番衆相退き候歟、是非無き次第に候。然れば則わち其の地、諏方（訪）・小山・高天神の用心簡要に候。堅固せしめ候の様肝煎尤に候。既に人数相調え候条、近日出馬せしむべく候。其の意を得ること専用（専要）に候。然れば犬居の儀、心許無く候の間、人数用所有らば、苦労乍ら、三右・朝駿・小宮、其の外直参衆以下に加勢候の様、催促有るべく候。当敵の様子注進待入り候。恐々謹言。

追て、彼の書状伺へも、急度相届らるべく候。

七月五日　　勝頼（花押）

山県源四郎殿

〔史料12〕

光明落城により心許なくなった犬居谷の天野氏に加勢するよう三浦員久や朝比奈信置らに催促せよと指示している。しかし、八日後の十三日付けの次のような家康禁制（秋葉神社文書↓九一五）が犬居谷の領家郷に出されているので、光明城を陥れた徳川勢はそのまま退却した藤秀を追って犬居谷に攻め込んだと考えられ、加勢する時間的余裕はなかったようである。

〔史料13〕

領家郷

彼の郷百姓等、忠節せしむの条、郷中放火、并びに濫妨・狼藉これを致すべからず。若し違犯の輩においては、厳科に処すべき者なり。仍って件の如し。

天正三年亥

七月十三日

犬居谷へ入った徳川勢は「たる山の城」を陥れた後、気多郷に進み藤秀が立籠る塩坂・勝坂の砦を攻めたところ、劣勢となった藤秀はそこも支えきれず「ししがはな」へ移り、遂には犬居谷の外へ逃れていったという（『三河物語』・注⑧）。

天野氏を没落せしめた家康は、ついで矛先を東に転じ諏訪原城を攻め、一ヵ月余り後の八月二十四日、遂にこの城を陥れた。『今川氏真詠草』に「七月中旬より諏訪原取出対陣」「八月廿四日諏訪原新城降参」とある。家康は手に入れたこの城の名を「牧野城」と改めると、さらにその勢をかって東南三里余りに位置する小山城（吉田町の小山城址）に向かったが、守りが堅くこれを抜くことができず、勝頼が出陣してきたので牧野城に引き上げた（『甲陽軍鑑』品第五十三・『三河物語』）。

先に見た七月五日付けの山県昌満宛勝頼書状に「近日出馬」とあったように、勝頼は遠江に出陣して武田の

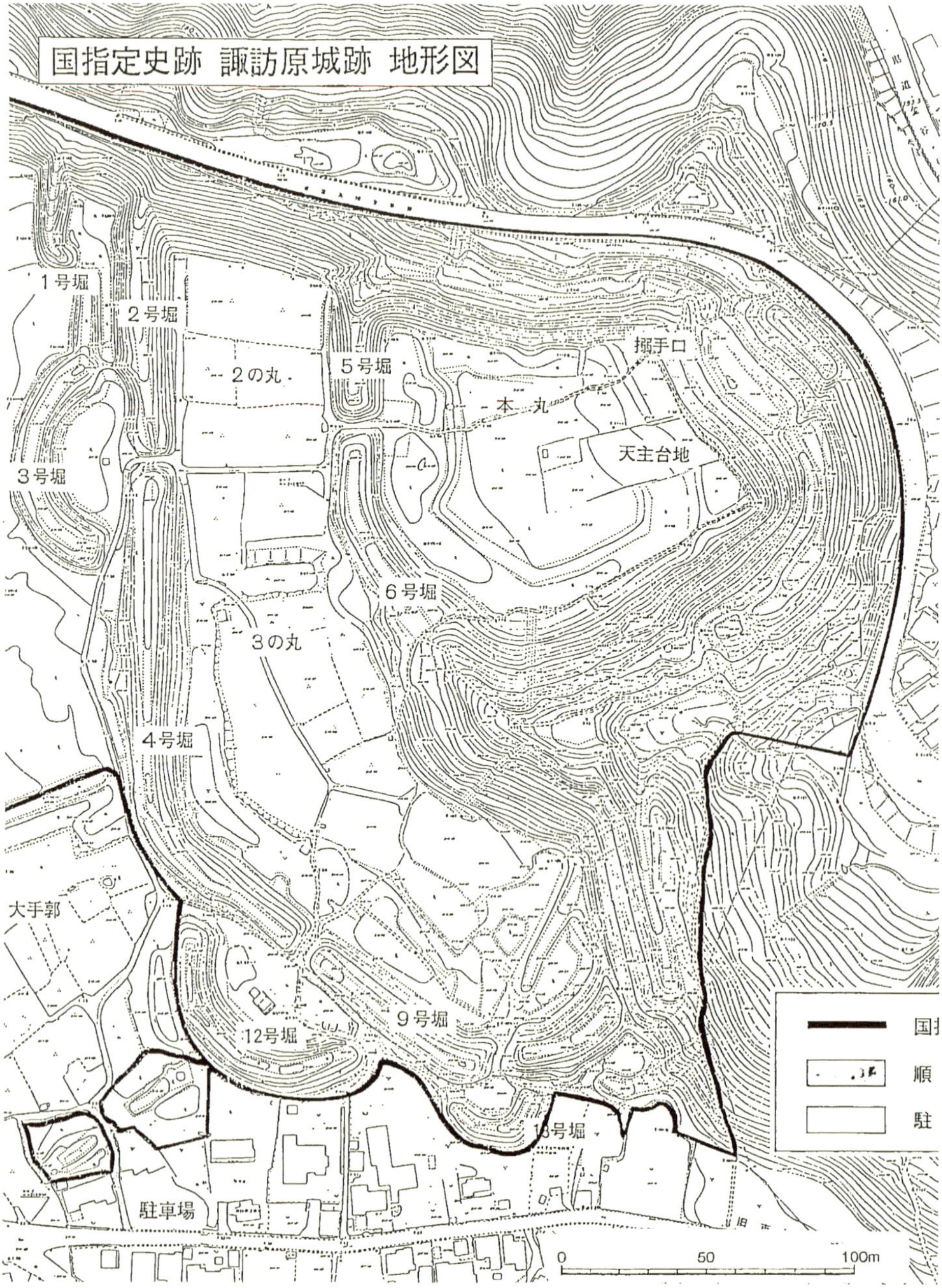

国指定史跡 諏訪原城跡 地形図
1号堀
2号堀
3号堀
2の丸
5号堀
本 丸
搦手口
天主台地
6号堀
3の丸
4号堀
大手郭
9号堀
12号堀
13号堀
駐車場
0
50
100m

城の後詰をしようとしたが、それは遅れて諏訪原城を救うこともできず、九月中旬ようやく大井川を越えて小山城に到着した。小山城に入った勝頼は、徳川勢を退けた城番の将兵をねぎらい二十一日それぞれに感状を与えている。

〔史料14〕

今度小山の地に徳河取詰むるの処、数日籠城し粉骨を尽さるの条、当城堅固、併せて其の方戦功の故に候。これに依り後詰の行、存分に任せ感悦せしめ候。自今以後、弥、忠節肝要たるべく候なり。恐々謹言。

九月廿一日　勝頼（花押）

岡部丹波守殿（岡部文書↓九二二）

岡部丹波守（元信）は城将であり、城兵には次のような朱印状であった。

〔史料15〕

今度小山の地に徳河取詰るの処、数日籠城し戦功を励むの条、神妙に候。弥、忠信を存ずべく候なり。仍って件の如し。

天正三

九月廿一日

佐野□□□□（望月文書↓九二三）

こうした感状は、佐野左京亮ほか、佐野新四郎・佐野惣左衛門尉・佐野市右衛門・狩野次郎兵衛・和大夫正左衛門・杉山小兵衛・朝倉六兵衛・原河大和守・原河又太郎宛てのものが残っている（『判物証文写』武田・佐野氏古文書写・狩野文書・『駿河志料』所収杉山文書・『紀伊国古文書』所収藩中古文書・『浅羽本系図』四十七。↓九二四～九三一）。

しかしそれより先へは進めなかったため、六月以来徳川勢に囲まれていた二俣城は十二月二十四日、七ケ月におよぶ籠城を解いて開城、互いに人質を交換し、城将依田右衛門佐信蕃は城兵とともに高天神城へ移っていったという（『依田記』）。この年（天正三年）武田は「長篠の戦」で大敗したのに続いて、遠江では光明・諏訪原・二俣の諸城を失った。

次の武田家朱印状（友野文書↓五七二）はこの年、あるいは翌年のものであろうか（注⑨）。

（竜朱印）

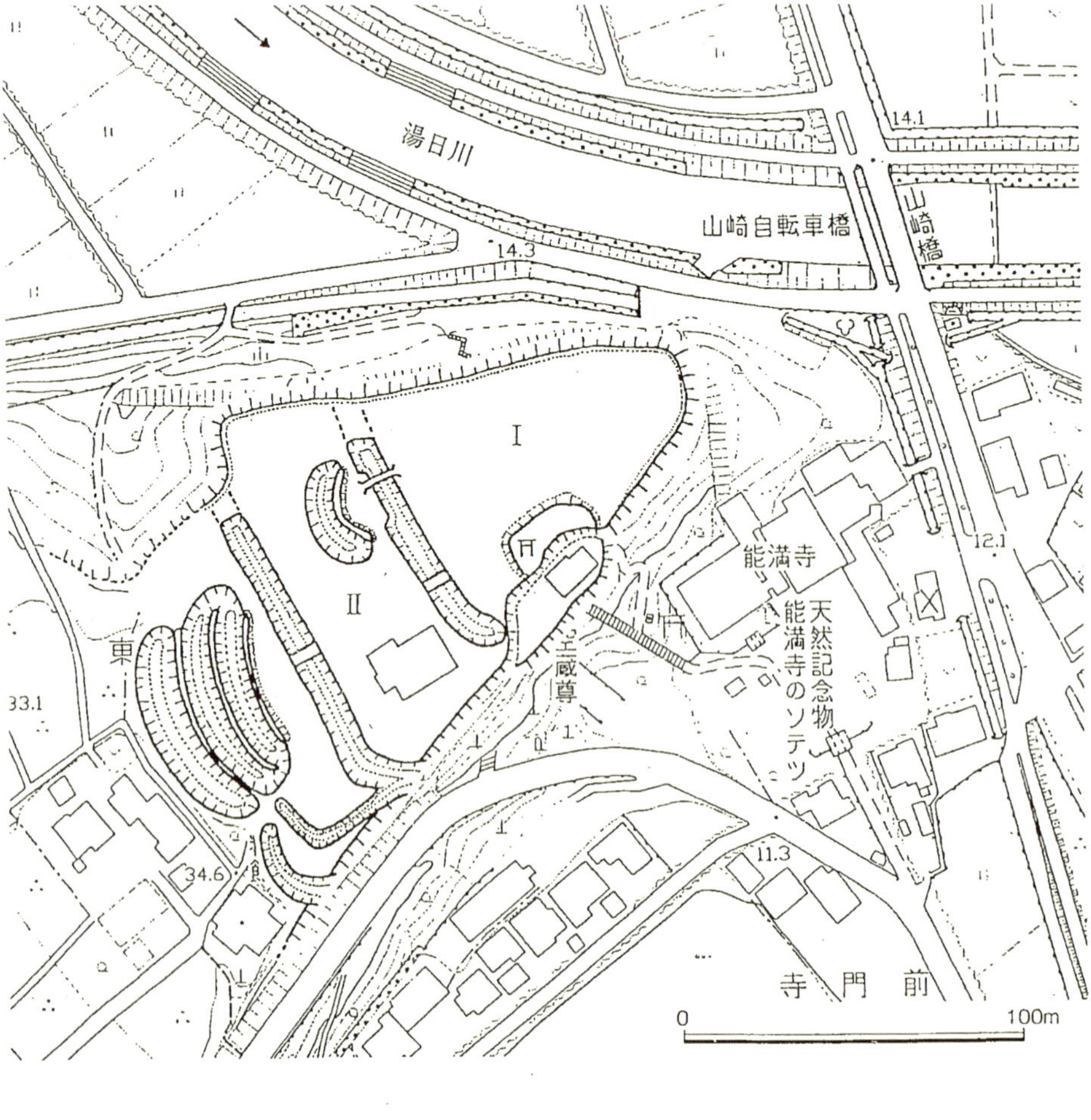

小山城跡概要図（作図：溝口彰啓）

○条目

一、其の城の用心・普請等、昼夜を捨てず肝煎の事。
付たり、忍の用心を専ら申し付けらるの事。

一、諏方原に向かい伏兵を出し、稼ぎ由断有るべからず候事。

一、其の地の番替わりとして、山家、并びに駿州衆一両人指越し候。着城たらば、小山田六左衛門尉は片時も早速に帰参の事。

已上

十二月廾七日

三浦右馬助殿　小山田六左衛門殿
小原宮内丞殿　其外在番衆

〔史料16〕

其の城、すなわち其の地は「諏訪原（牧野城）に向かい伏兵を出し」とあるので、牧野城と向かい合う田中城であろう。三浦右馬助員久は駿河衆、小山田六左衛門昌盛と小原宮内丞継忠は勝頼の側近衆で後に奉行人を務めている。

四　家康の横須賀築城と勝頼の遠江出陣

天正四年この年は、勝頼が武田軍の再編のため家康との接触を避け、家康も信長が安土築城や本願寺との戦いに手をやき、その来援が期待できないため武田に対する攻撃は控えたらしく、両者の攻防は表立ってはいない。ただ前年犬居谷を逐われた天野藤秀が犬居谷へ攻め込んだらしい。天野藤秀宛武田信君書状（天野文書↓

七三一）に次のようなものがある。

今度犬居行の儀、憑み入り候の処、別して御馳走故、存分申し付くる如く、分捕・生捕・高名以下の注文、則ち御披見に入れ候。屋形にも一段御大慶に候。是より文を以て御礼せしめ申すべく候。恐々謹言。

極月廾一日　　玄蕃頭 信君（花押）

天宮進覧之

これは次の安倍大蔵元真宛家康感状（安部家文書↓一〇八二）に関連するものであろう。〔史料17〕

今度山中へ敵罷り出で候の処、其の表堅固に相踏うの条、比類無き忠賞たり。向後、弥、油断仕りべからざる者なり。仍って件の如し。

天正五　年

九月十一日　（花押）

阿部大蔵殿

〔史料18〕

この感状は、『譜牒余禄後編〔二四大御番安部摂津守〕』によれば「天正五年、遠州樽井山の城を取立て、天野宮内右衛門、栖籠る所え安倍大蔵父子押寄せ責落し、樽井山に居住仕り候。信玄方三浦右馬介大将として寄来り、これを攻むと雖も、大蔵父子堅固に城を踏え、防戦致すに依り、敵叶わず開陣せしむ時分、追懸け少々これを討取り、其の時」家康から貰ったものという。

天正五年も前半のことはよくわからないが、この年から家康の高天神城攻めが始まる。閏七月十一日、某に宛てた勝頼書状（名古屋大学附属図書館所蔵文書↓一〇六八）が見られ、それには「家康、高天神に向かい相揺くの由候条、来る十九日出馬すべく候。苦労乍ら、十八日着府簡要に候」とあり、家康の高天神城への攻撃の報せを受けた勝頼が、後詰の準備に入ったことがわかる。十九日予定通り発向したかはわからないが、武田勢は駿河を経て遠江に入り、高天神城と対陣する徳川勢の近くまで迫った。しかし九月二十八日、武田信君が某に、

尊翰拝見し恐悦に候。貴意の如く今度徳川、高天神に向かい在陣候。無二に一戦を遂げらるべく候儀、尤もに候処、手合せに及ばず敗北（？）口惜しく候。仍って遠路、軍陣の御祈祷の札、并びに蝋燭、送り下され候。忝き次第此の事に候。猶、帰城の刻高意を得るべく候。恐惶敬白。

九月廿八日　　　　信君（花押）

（欠宛所）

（『甲斐国志』百二十一→一三四六）〔史料19〕

と報じているごとく両者の衝突はなく、十月二十日、勝頼が小山城から引き上げていったと、家康の家臣、松平又八家忠が日記（『家忠日記』）に記している。これ以降、家康の動きはこの『家忠日記』によってかなり詳しく知ることができる。

天正六年三月八日、家康は大井川端に出陣し、九日田中城を攻め外曲輪を破って、十日牧野城に帰陣した。そして十三日には旗本らに小山城を攻めさせた（『家忠日記』）。次の信君宛勝頼書状（孕石文書→一一三二）はこの報告に対するものであろうか。

去る十九・廿日両度の書状、同時に披見し、一通を以て回答に及び候。仍って小山に向かい相揺き候敵、差たる行無く諏方原へ引返し候。其れ以後は、相替る模様聞届けられ異説あらば、御注進肝要に候。兼て又、度々申し越し候如く、諸城昼夜の用心、破損の普請等、由断無きの様、切々陣定め尤に候。恐々謹言。

三月廿四日　　　　　　　　　　勝頼（花押）

玄蕃頭殿

小山城に徳川勢が向かったが攻撃せずに牧野城へ引き返していった。こうした状況が把握できるのは江尻城より田中城、あるいは小山城であると考えられるので、この時期、信君は田中城に入っていたのではなかろうか。とすると次に示す四月十六日付け信君宛勝頼書状写（『武家事紀』三十三↓九〇二）に、「諸卒」が「参着次第、其の地の二重堀の普請」とある城普請も田中城の二重堀普請であり、これは三月九日の徳川勢による攻撃で外曲輪が破られたことに対応するものであろう。

〔史料20〕

先書に顕わし候如く、来る廿二日、必ず出馬せしむべく候由、申し越し候と雖も、覚悟の旨候の条、先ず延引し、諸卒の事は悉くこれを立ち遣わし候。参着次第、其の地二重堀の普請、相渡さる尤に候。勝頼出馬せしむべき日定まらば、真田喜兵衛尉・小山田書（六）左衛門尉を以て申し届くべく候。一（？）光明行の儀に付て、天野宮内左（右）衛門を召し寄せ、其の地に留め置き候。早速指返され如何様にも後（？）方便を廻らせ、彼の地の模様具に見届け調儀に及び候の様に御肝要憑み入り候。幸、其の地の普請の為に久敷く指置の上は、加勢等の儀は望の旨に任さるべく御理り専要に候。将又、小尾崎・八幡山の儀、案内者を以て地形を御見し、註進に預かるべく候。恐々謹言。

卯月十六日　　　　　　勝頼

玄蕃頭殿

なお、信君の田中在城であるが、六月二十五日付け玄蕃頭（信君）宛勝頼書状（稲葉文書↓七七五）の中の「興津豊後守に申し付け、高天神まで早飛脚を遣わし候。（中略）猶、山県着城候わば、早速御帰陣尤もに候」

〔史料21〕（注⑩）

という文言の後半からも、この時期の信君田中在城の可能性は高いのではなかろうか（江尻城主を山県昌満と交替するということはありえない）。

勝頼の書状写（『土佐国蠧簡集残篇』七）に次のようなものがある。

其の城の普請のため長々在陣、苦身これを察し候。幸い近日出馬せしめ候条、大儀乍ら、弥、普請相稼がるべき事肝要に候。委曲温井常陸介申すべく候。恐々謹言。

五月十三日　勝頼（花押）

岡部丹波守殿

〔史料22〕

これがこの年のものとすると、宛名の岡部元信は小山城の城将であるので、「其の城」は小山城のようにも思われるが、それでは「普請のため長々在陣」というのがそぐわなくなる。よって元信が関わる新城築城であるとすれば、小山城の南西八キロ㍍に所在する滝坂城（榛原郡大磯村↓牧ノ原市片浜字大磯の滝境城址）であろう。滝坂城は小山城と高天神城の中間地点に築かれた繋ぎの城であり、この時期、家康の高天神城攻めに備えてその後詰と補給路強化のため築城されたと考えたい。したがってこの書状はその時のものと推定する（注⑪）。なお、この書状と同日付けでほぼ同文のものが原隼人佑（昌栄）にも宛てられているが（『新編甲州古文書』五）、それは原隼人佑がこの築城に派遣されていたということであろう。

其の城の普請のため長々在陣、苦身これを察し候。幸い近日出馬せしめ候条、大儀乍ら、弥、普請相稼がるべき事肝要に候。委曲温井常陸介申すべく候。恐々謹言。

五月十三日　勝頼（花押）

岡部丹波守殿

（『土佐国蠧簡集残篇』七）〔史料23〕

また、六月十四日付け岡部元信宛勝頼書状写（『土佐国蠹簡集残篇』七↓一三一八）に「急度一筆染め候。仍って高天神の番替り差越し候間、道の儀相頼み候。備帳を見合せられ心得有り、高天神の根小屋まで送り届けられ、備番の衆召連れ帰陣尤に候。備を猥さず様肝要、悉く皆任せ入り候。恐々謹言。追て、畢竟、宝大・朝駿・城意、談合尤に候」とあるが、これも天正五年のものではなかろうか。高天神城へ番替りとして差向ける者たちを、高天神の根小屋まで送り届けるようにと小山城の岡部元信に指示している。

ところでこの頃、家康は高天神城を攻めるための付城として高天神城の西方五キロ《メートル》ほどの横須賀の丘陵に築城を始めていたが、それが七月中旬ほぼ完成したようである（『家忠日記』）。こうして高天神城攻撃の足場を固めた家康は、八月二十一日小山城を攻め、翌二十二日には田中城近くまで進み対陣し苅田働などをして、九月四日牧野城へ引き上げた（同上）。このことは次に示した九月十日付け真田喜兵衛尉昌幸宛勝頼書状（『賜芦文庫文書』所収広田文書↓一〇一一）にも見える。

〔史料24〕

去る六日の書状具に披見、其の意を得候。弥、上田口の様子、并びに氏政備の体を聞届けられ、節々注進尤に候。（中略）猶、関東中、珍儀有らば早速注進肝要に候。随て家康、駿州山西へ出張の由候の条、彼の表へ出馬すべき旨、先書に顕し候き。去る四日敵功無く退散候間、先ず延引せしめ候。其の心得専要に候。恐々謹言。

九月十日　　勝頼（花押）

真田喜兵衛尉殿

その十日余り後の二十二日、勝頼は小山城の岡部元信に、

急度一筆染め候。実たらず候と雖も、田中より注進の如くは、敵、重ねて揺き催すの由に候。因茲、信君

を今日指返し候。幸支度せしめ候条、勝頼出馬すべく候。先ず曽根内匠助を差立たせ候間、堅固な備え毎事相談有り、肝煎憑み入り候。恐々謹言。

九月廿二日　　勝頼（花押）

岡部丹波守殿

〔史料25〕

という書状（岡部文書↓一一五四）を送っている。田中城よりの注進で、家康が又も田中城近くに進攻したことを知った勝頼は、江尻城の武田信君を再び田中城に入れて（注⑫）、自らも遠江へ出陣する予定であることを元信に知らせ、十月中旬駿河に入り晦日大井川を越え、十一月三日横須賀城に迫った。しかし馬伏城に出陣して来た家康が横須賀城の脇に軍勢を配置したため、そこから引いて高天神に入城、そこに十日ほど留まり敵の様子をうかがったが攻撃することなく、十二日帰陣の途に着いた。十五日大井川を越えた勝頼は、大井川の東岸である駿河の青島（藤枝市青葉町）に一旦陣を据えたが、十九日田中城に移り、二十五日城を出て甲府へ向かった（『家忠日記』）。

天正七年二月、武田は江尻城を補強するための普請に取り掛かった（注⑬）。四月下旬、甲府を出陣した勝頼は普請中の江尻城に立寄った後、遠江へ入り二十五日高天神城の南東四キロ㍍に位置する笠原庄国安に陣取ったが、二十七日陣を払って二十九日駿河に引き上げている（『家忠日記』）。この遠江出陣は『大須賀記』に『天正七年卯之五月、勝頼、高天神番替之ために、遠州之内滝坂と申取出迄馬を出し（中略）勝頼押して参（中略）国安之郷にて先手之備太鼓を打申候付て、各驚引返申候処に、高天神より勝頼為御迎千余出申候。（中略）高天神番替り宵にいたし、夜之内勝頼引取り申候」とあるように、高天神城番替りの後詰であった。『改訂甲陽軍鑑　下』三九一頁（伝解本の記事）には次のようにある（『大須賀記』の五月、『甲陽軍鑑』伝解本の八月は誤伝であろう）。

同年（天正七年）八月、遠州高天神へ御人数千余り、番替りにさし越給ふ。駿河先方岡部丹波守・信州相木、其外上野侍騎馬二三騎ばかり持たる衆、或は駿州先方孕石主水を初二三騎計持たる衆、或一騎合の直参衆に旗本より足軽大将江馬右馬丞・横田甚五郎を万御目付警固の為にさし添こし給ふ。さて又此侍衆寄合衆なれ共、岡部丹波守を大将分に定らるる事、丹波大剛の誉れをとりたる武士故如此。以上。

番替りにより小山城の岡部元信が高天神城に移り、信州先方衆の依田氏族相木市兵衛信房・横田甚五郎尹松、それに飛騨先方衆の江馬右馬丞（江馬常陸介輝盛の弟）らが同番衆として入ったという。ただし江馬右馬丞は〔史料24〕に見るようにこの時点では田中城に在番していたと思われるので、彼が高天神に移るのはもう少し後ではなかろうか。

勝頼が国安に陣取った翌日の二十六日、家康は馬伏城まで出陣してきたがそれより先へは進まなかった（『家忠日記』）。五月二十四日甲府に帰陣した勝頼は、翌二十五日上杉景勝に宛てて「遠州表の備え存分に任せ、明瞭に候条、昨廾四帰府せしめ候」と書いた書状（上杉家文書↓一三九七）を出している。ここに「遠州表の備え」とあるのが高天神城の番替わりである。

ところで勝頼がこの様な書状を上杉景勝に送ったのは、謙信没後の上杉景虎・景勝の相続争いに、勝頼が加勢した景勝が勝利し甲越同盟が成立していたからである。そのため景虎の実兄である北条氏政との関係は悪化の一途をたどり、この年の八月下旬、勝頼は沼津の狩野川河口近くに三枚橋城を築き氏政への防備を固めた（渡辺文書↓一二二〇、上杉家文書↓一二二四、慈雲寺文書↓一二二五）。

これに対して氏政は勝頼に対抗するため家康と同盟交渉に入り九月四日同盟が成立した（『家忠日記』）。そしてその手合せとして氏政が駿河境の伊豆三島に出陣したのに応えて、十七日家康も浜松城を発向して翌日駿河青島（藤枝市青葉町）の二ツ山に陣取り、十九日懸川衆（石川家成勢）と牧野衆（松井忠次勢）が有渡郡の用宗城（静岡市の用宗城址）を攻撃して城将三浦兵部助（義鏡）・向井伊賀守（正重）以下を討ち取り、駿府に侵入した兵は惣社・浅間社に放火してこれを焼失させてしまった（『家忠日記』・静岡浅間神社文書・『甲陽軍鑑』品第五十五）。

この時勝頼は三枚橋城で北条勢と対陣して居たが、家康を撃滅する好機が到来したと、三枚橋城に武田左馬助信豊・高坂源五郎（春日信達）らを残して西に向かい（『甲陽軍鑑』品第五十五）、江尻城に入り、次のような書状（川崎市民ミュウジアム所蔵『古筆手鑑披番殿』）を田中城在番と思われる信濃衆に送っている。

（前欠）此の節討ち果たすべく所存候故、一昨廿二江尻に至り進陣す、然るに富士川洪水故に人数相調う候条遅留に付き、今日は悉く諸卒馳せ着き候条、明日田中へ進陣し、無二の合戦を遂ぐべく候様子見合わせられ、討ち漏らす凶徒を川瀬に於いて討ち留めらるべく候。但し城中の用心油断有り人数悉く出られ候て（事カ）は、曲げて有るべからず候。畢竟小山と相談し、毎事堅固の備え尤もに候。必ず必ず物主衆自身出で候事は停止すべく。足軽を以て其の調儀肝要に候。恐々謹言。

取乱候間、用印判候、

九月廿四日　　勝頼（「晴信」朱印）

清野刑部左衛門尉殿
依田能登守殿
栗田鶴寿殿

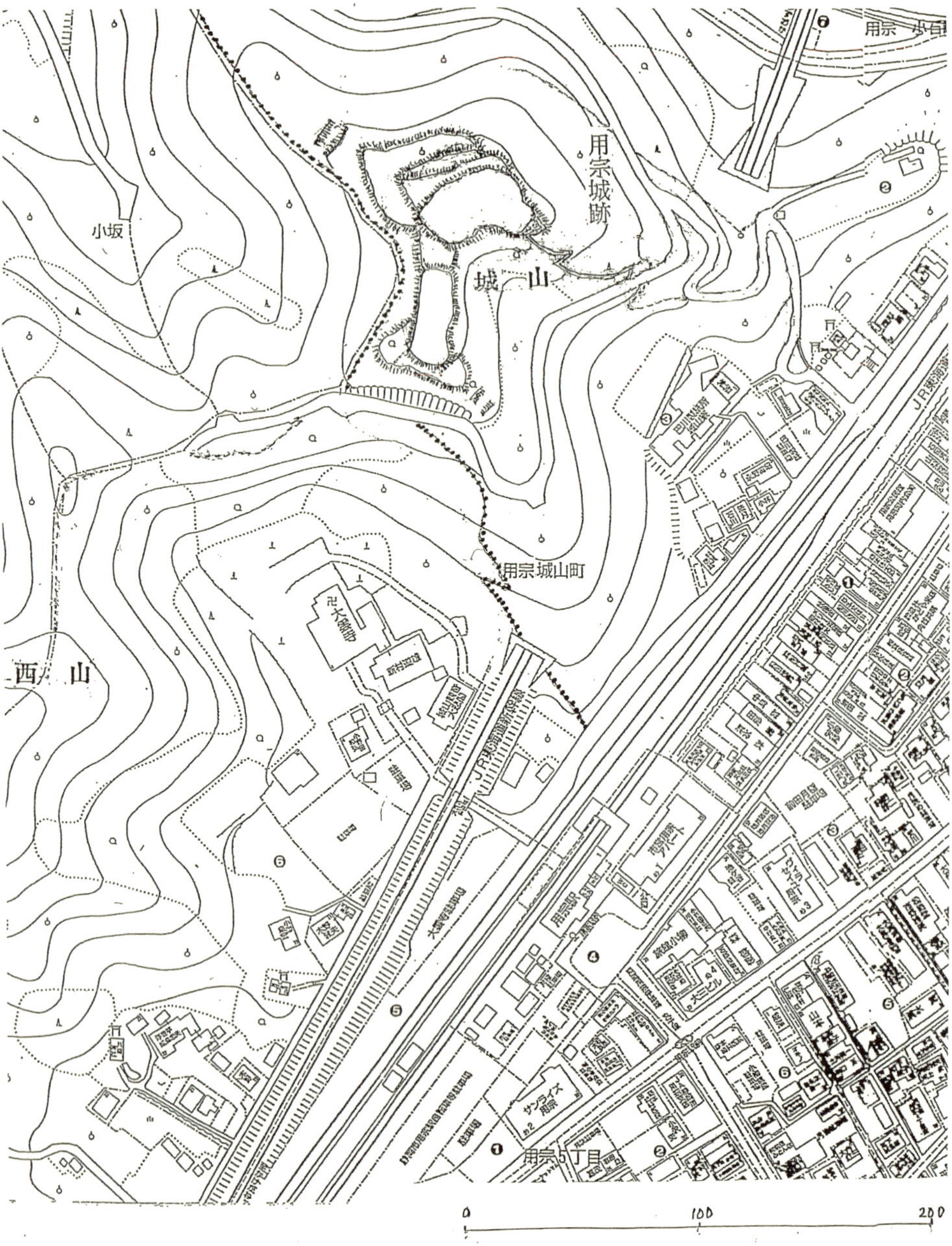

用宗城

〔史料26〕
江間右馬允殿

しかし家康は勝頼が西に向かったとの報せを得ると軍を返し、翌二十五日大井川を越え様子をうかがい晦日牧野城を経て十月一日浜松城に帰陣した（『家忠日記』『甲陽軍鑑』品第五十五、『三河物語』は用宗城攻略と翌八年五月の当目出陣を混同しているようである）。

その後、勝頼はしばらく江尻城に在陣したので（『紀伊国古文書』所収藩中古文書↓一二三四・一二三五）、十月十九日、家康は懸川城に出陣して来て、二十四日牧野城に入り駿河の様子をうかがったが進攻することはなく、翌月十一日懸川城を経て十二日馬伏塚（袋井市の馬伏塚城址）に入城している（『家忠日記』）。その五日前の七日、牧野城から滝坂城へかまり（斥候）に出た徳川勢が武田荷物二十駄とその警備兵十四、五人を奪い取った。『家忠日記』十一月七日条に「滝さかへかまり越候て、敵十四、五人、荷物廾駄取候」とある。高天神城へ運ばれる兵粮であろうか。

こうした家康の動きに対し、勝頼は十一月下旬この年二度目の遠江への出陣に踏み切り、二十四日頃田中城に到着、二十六日高天神に入城した。しかし翌日には半年ほど前の四月下旬高天神の番替わりの時に陣取った国安に陣を移し、晦日駿河に引き上げている。このことが記された『家忠日記』には、この遠江へ出陣して来た武田勢を、単に「敵」としているが、その行動から見て勝頼の率いる武田勢であったことは間違いないであろう。ともあれこれは勝頼にとって最後の遠江出陣となった。それはこれ以降、勝頼は駿河・伊豆境付近における北条との攻防で手いっぱいになるからである。

五　高天神落城から武田滅亡まで

天正八年に入ると家康の高天神城攻めは本格化し三月中旬より、家康は城の南方あたる大坂山（三井山、掛川市大坂）や東南の中村（同市中村）、獅子ケ鼻（同市大石）、および北東の能ケ坂（掛川市上土方）などに付城を築いて高天神城を囲んだ（『家忠日記』『三河物語』）。

五月、駿河に出陣した家康は、三日田中城に向かい、四日駿河青島の八幡山（藤枝市青葉町、注⑭）に陣取ったが、五日引き上げることにしたところ、用宗城から出て来た朝比奈勢の若者が当目峠に現われた。これ聞いた徳川勢の石川数正は当目に向かい策略で彼らを峠から誘き降ろしてその多くを討ち取っている（『家忠日記』『甲陽軍鑑』品第五十六、『三河物語』）。用宗城は前年九月徳川勢の攻撃で城将が討死し、その後に朝比奈信置が入っていたのである。

ついで七月下旬、家康は大井川西岸の井篭崎（島田市阪本の色尾）に軍を進め、石川数正を田中城方面へ、本多忠勝を小山城付近に出して刈田働をさせて帰陣した（『家忠日記』）。

このように駿河に向かっての家康の攻撃が激しさを増していったが、伊豆国境で北条と対峙している勝頼にこれに対処するその余裕はなく、高天神城は孤立を余儀なくされて行った。十月十七日、勝頼から高天神城の栗田鶴寿らに次のような書状（『諸家古案集』六↓一〇一六）が送られている。

両度の書状、何れも各、存分具に聞届け是非無く候。これに仍って近日使者を指し遣わすべく候条。其の意を得ること尤に候。城内の用心、堅固の仕置等、各、相談し疎略なく勤仕専一に候。猶、釣閑斎申すべく候。謹言。

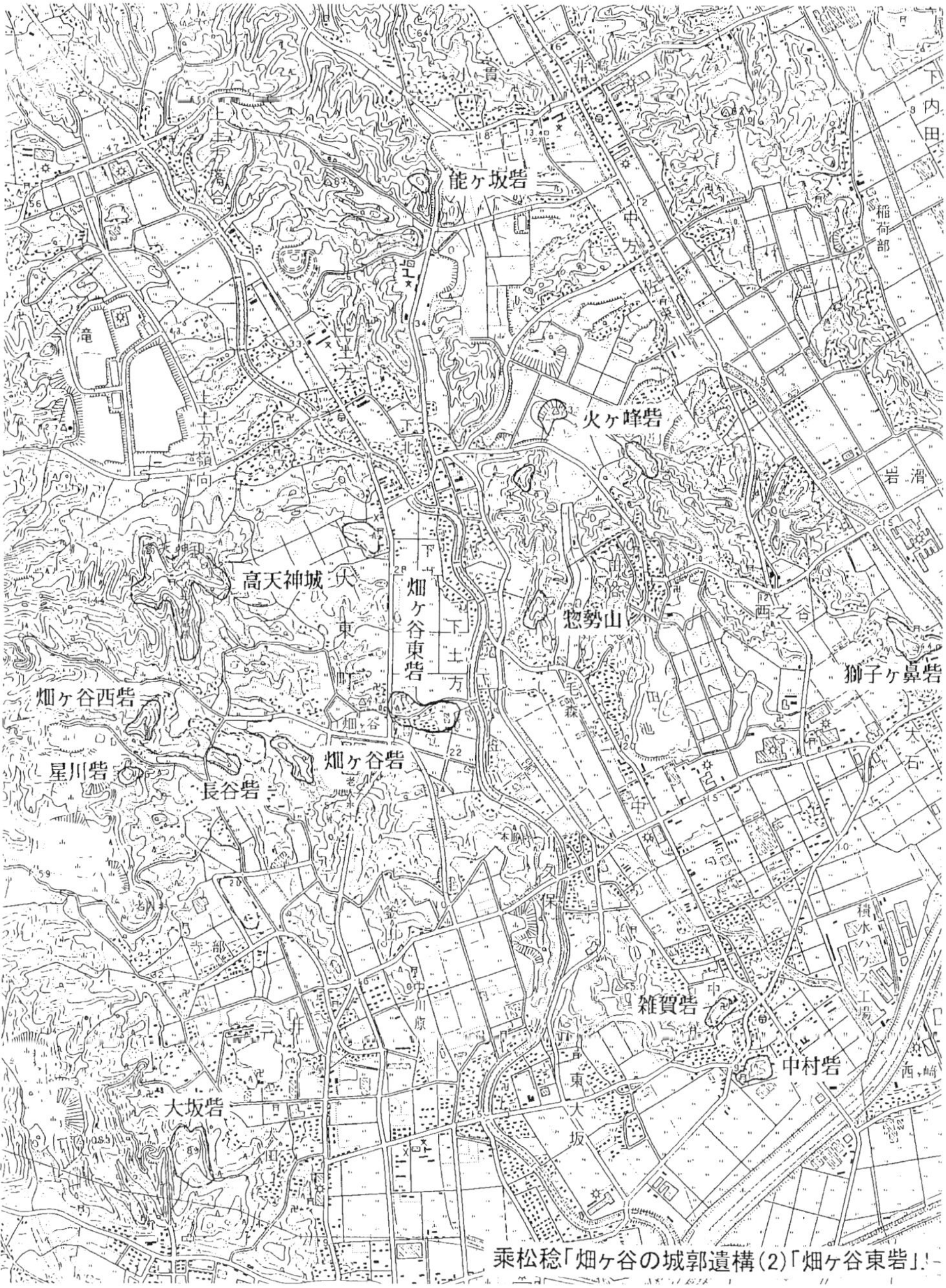

高天神城周辺地形図（国土地理院 1:25000　下平川）

十月十七日　勝頼

栗田鶴寿殿
江間右馬助殿
横田甚五殿
直参衆
浦野弾正忠殿

〔史料27〕

文面から、在番衆よりたびたび勝頼に後詰の要請がされていることがうかがわれるが、これには出馬するという文言はない。それは側近の武田典厩（信豊）・長坂釣閑斎光賢（虎房）・跡部大炊助勝資らの反対で後詰ができなかったからである（『甲陽軍鑑』品第五十五）。

勝頼が遠江に馬を進めることができないとみた徳川勢は、十月二十二日、遂に高天神城の脇に陣を寄せ堀を掘り陣場を固めたが（現在地不詳）、強引な力攻めはせずに年を越した（『家忠日記』）。すると孤立を深めた高天神城から矢文が放たれ、それには降伏の申し出と共に助命してくれたならば滝坂と小山の二城も併せて進上するとあった。

これを家康から聞いた織田信長は、城攻めの陣所に派遣した水野惣兵衛忠重に宛てて、降伏を受け入れれば遠江平定は成るが、それでは一両年中に予定している駿河・甲斐への出陣が長期戦になる恐れがある。しかしこれを受け入れず城を落とせば、勝頼は高天神および滝坂・小山を見捨てたということになり、武田は駿河の城も維持することは難しくなると思う。どうしたらよいかは家康に申し宿老たちとも相談して決めるのがよいと、正月二十五日付けの書状（水野文書↓一三七〇）で返事をしている。その全文を次に示す。

切々の注進状、精を入れらるゝの段、別して祝着に候。其に付きて城中一段と迷惑の体、矢文を以て懇望の間、近々候歟。然らば命を助くるに於いては、最前に滝坂を相副え、只今は小山をそへ、高天神とも三ケ所を渡すべきの由、是を以て造意の心中を推量せしめ候。抑、三城を請け取り、遠州を残る所無く申し付け、外聞実儀然るべく候歟。但し見及び聞き候体に、以来は小山を始め取り懸け候とも、武田四郎分際にては、重ねても後巻成る間敷候哉。其を以て両城をも渡すべきと申す所毛頭疑い無く候。其の節は家康気遣い、諸卒辛労すべき処、嘆かわ敷く候とも、信長一両年内に駿・甲へ出勢すべく候条、切所を越し、長々敷く弓矢を取るべき事、外聞口惜しく候。所詮、後巻と号し、敵彼の境目へ打ち出候はゞ、手間入らず実否を付くべく候。然る時は、両国を手間入らずに申し付け候。自然後巻を構えず、高天神同前に小山・滝坂を見捨て候へば、其の響きを以て駿州の端々小城拘え候事不実に候。以来気遣い候とも、只今苦労候とも、両条のつもりは分別を弁え難候間、此の通りを家康に物語り、家中の宿老どもに申し聞かせて談合尤もに候。これは信長思い寄る心底を残らず申し送る者なり。

正月廾五日　　　信長（朱印）

水野宗兵衛とのへ

〔史料28〕

実は前年の暮れ信長は、猪子高就・福富秀勝・長谷川秀一・西尾吉次の四人を高天神城攻めの徳川の陣所に派遣し、城攻めの状況を実見させたうえで、水野惣兵衛忠重・同監物率いる苅屋・緒川衆および大野衆を加勢として送っていたのである（『信長公記』『家忠日記』、御使衆四人は十二月二十日陣所に到着、二十二日帰途に着き、緒川・苅屋・大野衆は正月三日到着）。

水野忠重から信長の意向を聞いた家康の答えは残されていないが、その後の経過から家康が降伏の申し出を拒絶したことは確かである。そこで仕方なく籠城を続けていた高天神城では兵粮も底をつき餓死者も出て来たので、三月二十二日将兵はもはやこれまでと覚悟して城より討って出て、岡部丹波守元信・栗田鶴寿・三浦右近・森川備中守・朝比奈弥六以下多くの者が討死し、横田甚五郎尹松と相木市兵衛信房は逃亡、孕石和泉守元泰は自尽した（『家忠日記』『信長公記』『甲陽軍鑑』品第五十六・『乾徳山恵林寺雑本』所収高天神城討死注文写↓一三八五・『三河物語』）。

落城後に勝頼が、岡部元信・栗田鶴寿・孕石元泰、それぞれの遺児に父の戦功を讃え遺跡を安堵した判物が伝えられている。天正九年五月十四日付けで岡部五郎兵衛尉（元昌カ）に「老父丹波守、遠州高天神に於いて三箇年籠城し、粉骨を竭くし討死を遂げられ候。誠に忠節の至り感じ入り候。仍って嫡流の筋目に任せて、丹波守同心被官、并びに駿・遠の知行悉く相渡し候」（『土佐国蠹簡集残篇』四↓一三九二）。同年五月二十五日付けで栗田永寿に「親父鶴寿三ケ年高天神に籠城し、粉骨を竭くさるの上戦死す。誠に忠信浅からず次第に候。然れば、抱られ来る旧領当知行、并びに同心・被官、聊も相違有るべからざるの条、速に相計られ、向後も弥、忠節を抽きんでらる儀、肝要たるべき者なり」（『武徳編年集成』十九↓一三九八）。同年八月五日付で孕石主水佐（元成）に「和泉守三ケ年に及び高天神に籠城し、剰え戦死す、誠に忠功の至り感じせしめ畢わんぬ。仍って塁年抱え来たる所々知行・被官以下、聊も相違有るべからず」（『土佐国蠹簡集残篇』四↓一四二二）というものである。

高天神落城により武田は遠江での最重要拠点を失い、残るは滝坂・小山の二城だけとなってしまい、家康の駿河への攻撃がより激しくなって行くことは火を見るより明らかであった。

そうした状況の許、江尻城主武田信君（この年のはじめ頃、入道して梅雪斎不白と号す）は、六月六日付けで、勝頼に対し次のような書状（『楓軒文書纂』第四十冊↓一四〇三）を進上している。

岩間越前守・河野豊前守才覚の趣、聞し召し届けられ、重ねて御下知、其の旨を存じ奉り候。一、篠間御仕置の事、工夫申し付くべくの趣、仰せ出され候如く、天王山御普請衆帰陣次第、藁科谷へ出合い、寄居御普請助言致すべく候。一、石上菟角・大橋、早々に祗候致すべきの旨申し付け候。一、天神尾御門道具、四、五日以前に運送仕り候。内記豊前、昨日天神尾より罷り帰り候。彼の口上の如くは、右の御門は沼津・興国寺へ届けらるの由申し候。一、三浦右近の陣代、先年高遠に祗候仕り候、朝比奈助一郎、骨肉故に相憑むの由儀定候条、先日御奉行衆へ引合せ候。重て御下知の間、早々に参府致すべくの旨申し付け候処、後室、并びに対馬入道如何様の分別に候哉、陣代相違の様に申し候。助一郎に儀定し候わば、急度参府致すべく候。一、長尾源太名跡の事、伊賀入道・三浦平兵衛尉、問答に就き、双方を召寄られ候。平兵衛尉は今に興国寺在陣候条、帰宅次第早々に申し付け進上致すべく候。一、由比賀兵衛尉の知行、荒所に付きて、妻子の堪忍罷り続かず候。因茲、重ねて御下知を加えらる旨、父、憩閑に申し聞せたり候。一、進藤与兵衛の陣代参上致すべくの旨申し付け候。一、孕石・朝比奈孫六郎は、父、河内守奉公致すべくの旨申し候条、其の意に任せらるの由申し聞かせたるべく候。一、岡部丹波守の同心、然るべく陣代申し付くるべくの旨、五郎兵衛方へ堅く催促仕り候。一、彼の同心衆の内御恩帳に載らず者、五、三の輩これ有る由、聞し召さるに及び、御尋にて只今書付け進上候条、御披見を遂げらるべく候。一、峠の御普請の事、御無衆にて罷り成り間敷き由言上の処、当時御延引の由其の意を得さしめ候。肝要の故に候条、御手透きを以て必ず成し置かる然るべくと存じ候。一、関部御普請として久能定普請の人足、十日十五日の日数たらば、申し付くるべきの由仰せ出され候。賢雪、存分に依り御指図の如く申し付くるべく候。一、当地三曲輪塀普請、一両日以前出来し候。去る二日吉日に候間、仕切の築地の形平め普請出来候間、小屋場を相渡し外宿に指置き候。譜代の者共彼の曲輪へ相移し候。自今明日中、御門、専らこれを相立て候。彼の隙明次第、御堀普請勤仕せしむべく候。同者（？）物主に指置かれ、御人数半分三ケ一宛も御加勢候わば、形の如く来月中に出来たるべく候歟。此等の趣慥に御披露に預かるべく候。恐々謹言。

六月六日　　梅雪斎
不白

土屋殿

〔史料29〕

いわゆる披露状（直札を憚り、その家司へ宛てて状を差出し披露を請うもの）で、宛所の土屋は勝頼の側近、右衛門尉昌恒（昌続の弟、はじめ惣三）、内容は前後の関係がわからないので不明な点が多いが、高天神で城と多くの将兵を失い、守勢にまわった駿河における武田方の逼迫した様子が感じられる書状である。

一条目は「篠間御仕置きのこと」という書出で「工夫申しつくべきの趣、仰せいだされ候ごとく」とあるように、勝頼から穴山が、大井川支流篠間川流域の志太郡篠間郷（島田市川根町笹間）の仕置きについて工夫を巡らすよう命ぜられている。しかし具体的にどのようなことなのかよく解らない。天王山は大井川上流の志太郡藤川村（小長井とも、川根本町東藤川）の天王山城（江戸期以後は小長井城という）のこと。寄居は藁科谷に築かれた城と思われるが不詳。尾沢渡城（静岡市葵区尾沢渡）のことか。

二条目にみえる石上菟角（兎角・斗角之助）は篠間郷の地侍で、大橋某は篠間に隣接する伊久美郷に地侍であった（『駿河記』）。天正七年六月「駿州篠間住人石上志摩守入道清安」が遠江国秋葉山に大般若経を寄進している（三光寺所蔵「大般若経奥書」）が菟角との続柄は不明。

三条目の天神尾は天正十年と推定される二月二十九日の山角康定書状写（『戦国遺文』北条氏編四七四〇号）に「三日以前天神ケ尾自落」とある城で、沼津市岡宮に天神ケ尾《てじがお》という字があり、隣接した東熊堂の城山（南端に東光庵がある）を『駿河記』などは岡宮砦としている。

四条目より十条目までは、高天神落城で討死した三浦右近・長尾源太・由比賀兵衛尉・朝比奈孫六郎ら岡部丹波守の同心衆の跡目とその陣代（後見人）についてのことである。

十一条目の峠普請は、益頭郡当目（焼津市浜当目）の当目峠普請ではなかろうか。徳川勢は天正七年九月、この峠を越して用宗城を攻めている（『家忠日記』）。

十二条目の関部御普請は「賢雪（朝比奈信置＝賢雪道与）存分によって」とあるので用宗城のことであろう。石部（関部）は用宗の南に隣接し、当目峠を越えて来た道は石部を経て用宗に至るが、石部には城砦のようなものが存在した形跡はない。

十三条目の当地は江尻城である。徳川勢の駿河進攻に備えて城普請を急いでいる江尻城の様子がよくわかる。

ところで、この書状の直接の返事ではないが、勝頼は八月二十日武田信君に次のような書状（武藤一郎氏所蔵文書→一三三六）を送っている。

急度一筆染め［　　］□□□者、去る十七［　　］例式、珍（弥カ）備有るべからず歟、然ると雖も、諸城大破□節に候の条、堅固の仕置疎略無き様諫言任せ入り候。一、氏政、行《てだて》、何にても成し置くべき儀これ無き条、地利を築くべき歟、其の儀に至っては、家康も打ち出ずべく候の間、田中・小山・天王山以下、其の表の諸城、用心・仕置等油断無き様、打ち置かず催促尤に候。一、幸、諸卒当地に在陣候の間、先ず明日五、三の輩これを立ち遣わし、一左右次第出馬すべく候。其の意を得る有り、各、在陣の支度申し付けらるべく候。一、興国寺より指越し候、生け捕りの口説の如くんば、去る大風雨に敵船安宅を始めとして、悉く破損の由に候。弥、海賊の行、叶わず候。猶、東西の敵説聞届けられ、注進肝要に候。恐々謹言。

八月廿日　　　勝頼（「勝頼」朱印）

梅雪斎

〔史料30〕

東西に敵をうけて難儀している様子が知られる書状で、西の徳川に対する田中・小山・天王山をはじめとする諸城の守備堅固を命じているが、自らの支援は如何ともしがたい状況であった。

天正十年二月、織田信長の武田攻めがはじまり、浜松城を発向した徳川家康は駿河から甲斐へと進軍した。その経過は『家忠日記』によって知ることができる。「十六日に敵、小山をすて候」とあるように、小山城では徳川勢が迫る前に将兵が城から退出している。二十日駿河に入った徳川勢は田中城（城将は依田常陸介信蕃と三枝土佐守虎吉という）を囲み、二十一日持舟城（用宗城）を攻め、城主朝比奈信置（賢雪）降伏を勧告し（日東文書）、これを受け入れた信置は二十七日城を明け渡し、二十九日に久能城（城代今福丹波守虎孝）へ退去した。三月朔日田中城も開城、同日江尻城の武田信君（梅雪）が離反し徳川方となった。これより前の二月二十一日家康は駿府に入っていて、四日駿府に参上した信君と対面し、七日信君の先導で甲斐に軍を進めた（注⑮）。

そして三月十一日、織田勢に追い詰められた勝頼が、甲斐国勝沼の東方、田野において自害して武田家は滅亡した。

むすびにかえて

天正元年武田信玄の死去から、天正十年武田家滅亡に至るまでの間の、武田・徳川の攻防の推移をたどってみたが、長篠の戦の後は、遠江の高天神城を軸として攻防が展開された感がある。

信玄死から五カ月後の天正元年九月、三河長篠城を家康に奪われた勝頼は、遠江に出陣して諏訪原城を築き、年明けの正月美濃に向かい二月明智城を攻略、五月遠江に入り六月高天神城を陥れた。そして翌三年、家康とその背後の信長を討つため、四月三河に進攻したが、五月長篠・有海原において徳川・織田連合軍と戦い大敗し、信玄から引き継いだ多くの名将を失った。これ以後の武田の退潮の兆しは覆いがたく、この年遠江では光明・諏訪原・二俣の諸城を失った。

天正五年、高天神城をはじめ小山城、田中城など武田の城への徳川勢の攻撃がはじまり、同六年七月家康が高天神城攻めのために築いた横須賀城が完成した。これに対し勝頼もたびたび遠江に出陣して家康を牽制したが、同七年九月甲相同盟が破棄され北条氏政が敵に回ったため、この年の十一月の出陣が遠江への最後の出陣となった。

天正八年になると家康は、高天神城の南から東にかけて幾つかの砦を築き、十月下旬高天神の脇まで陣を寄せた。年が明けて（天正九年）高天神城では降伏の申し出をしたが、受け入れられなかったため三月城兵は城より討って出てその多くが討死した。この高天神落城によって武田の遠江支配は幕を下ろした。高天神を見捨てた勝頼は多くの家臣の信頼を失い、翌十年三月武田家は滅亡した。

武田・徳川　抗争期の城

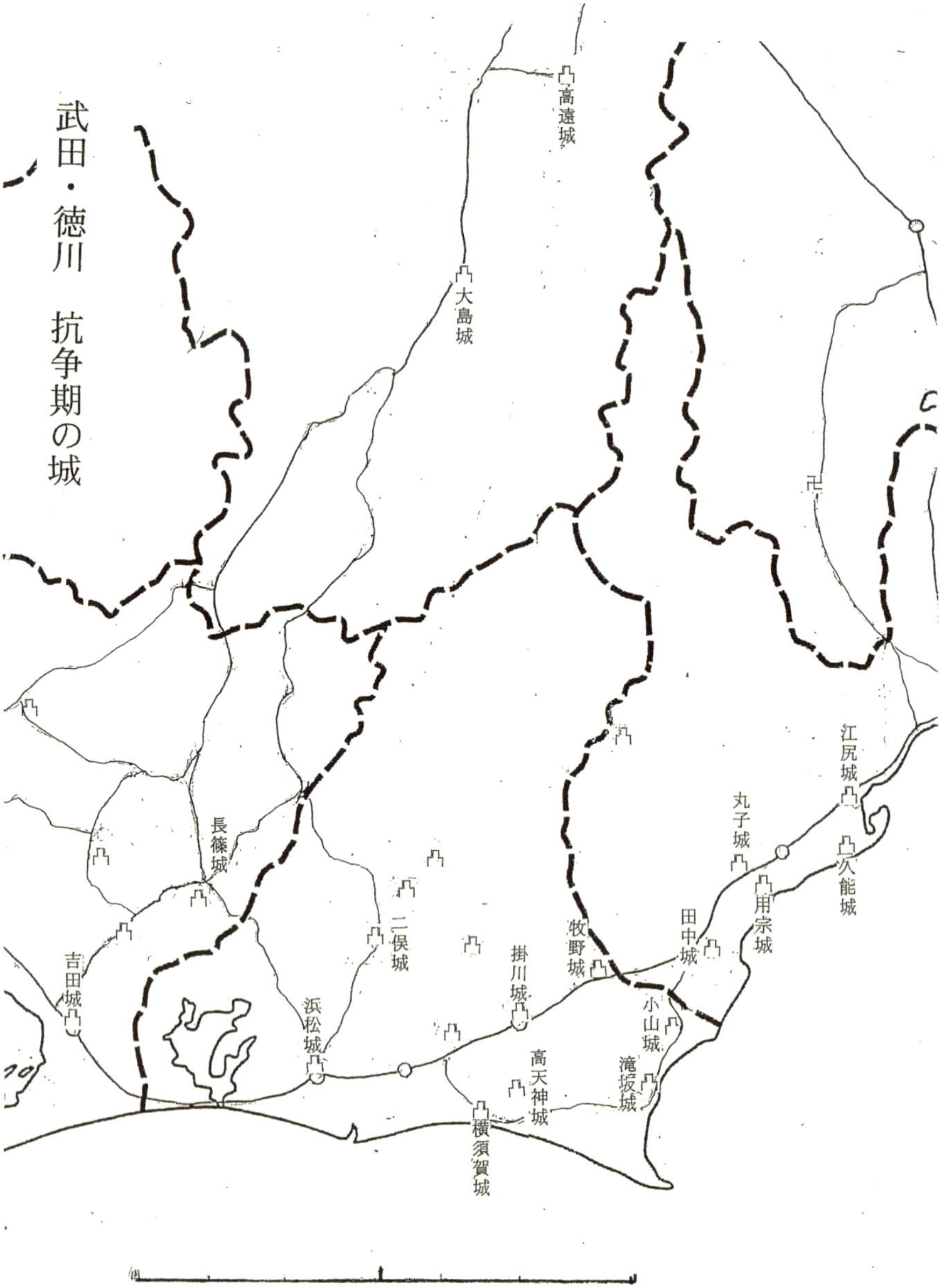
高遠城
大島城
長篠城
吉田城
浜松城
二俣城
掛川城
横須賀城
高天神城
牧野城
小山城
滝坂城
田中城
用宗城
丸子城
久能城
江尻城

注

① 小笠原氏助は、軍記物などでは名乗を長忠としているが、天正二年と推定される五月二十五日の匂坂牛之助宛判物写（『浅羽本系図』四十二―七五八）に「与八郎氏助」とあるのが正しいであろう。また各種ある小笠原系図のなかでは、『三河物語』の「小笠原新九郎（安元）を召て、其方一類之事なれば、蚖塚（馬伏塚）え行て、小笠原与八郎を引付給え」という記事から、次のものが実態に近いのではなかろうか。但しこの系図に、親助―氏儀とあるのは春茂―氏興と訂正しなければならない。なお「高天神小笠原系図」が、春茂（春儀）を深志の小笠原長棟の弟長高の子としているのは附会であろう。

○『諸家系図纂』小笠原系図（抄）

遠光―長清―長経―長房―長久―頼久
　長経―時長―長朝―泰朝
　時長―時直―長泰―盛時―泰房（三州小笠原祖・）―泰行―長房（出羽守・）―長春（蔵人大夫・）―長頼（小三郎）
　長頼―直正―直助（河内守・）―親助（弾正少弼・）―氏儀（河内守）―氏助（弾正少弼与八郎）
　長頼―長正（安芸守）―範安（摂津守新九郎）―高安（丹波守）―安元（摂津守新九郎）―安次（丹波守）―安広（新九郎）

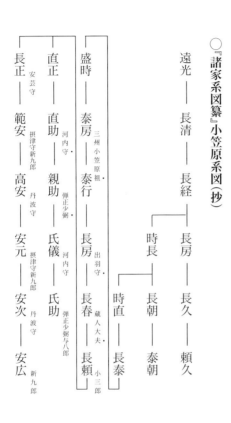

② 武田信豊が二俣城攻めに加わっていたのかは疑問、この前年、八月十日と推定される武田家朱印状（古沢正臣氏所蔵文書）によれば、遠州へ発向する信玄から信豊は高遠城在陣を命ぜられている。

③ 朝比奈信置・岡部元信・岡部正綱は今川氏旧臣。信置は今川時代は藤三郎、のち右兵衛大夫を称し、名乗りは氏秀ともいうがはっきりせず、信置は武田に仕えてからの名である。信置については黒田基樹氏の研究「武田氏の駿河支配と朝比奈信置」（『武田氏研究』第14号）がある。

元信は今川時代は五郎兵衛尉元信（『土佐国蠹簡集残篇』三―三二八一八）、丹波守は武田に仕えてから で名乗も替った可能性もあるが不明。正綱の父は美濃守久綱（常慶入道）、子に美濃守康綱がいる（仏眼禅師語録）。岡部氏については大石泰史氏の「岡部氏に関する基礎的考察」（『野田市史研究』第八号）がある。

④ 長篠の戦いで敗れた武田勝頼が甲府に帰着した日は、これまでの史書では必ずしも明らかでないが、ここで六月二日としたのは、天正三年と推定される六月三日の清野刑部左衛門尉宛武田勝頼書状（堤猪三郎氏所蔵文書↓九〇九）に「信・三両州の人数、悉く当府まで召連れ、昨二日帰府せしめ候」とあることによる。また同じく、天正三年と推定される六月二日（三日の誤写）の三浦兵部助宛武田勝頼書状写（『浅羽本系図』三十五↓一三一四）にも「信・三の人数、悉く召連れ、昨二日酉刻帰府せしめ候」とある。前者に「先に玄番頭江尻へ相移り候の条、毎事備え等談合有るべく候」とあるので、これらが天正三年の文書であることは先ず間違いない。

⑤ 武田信友・小原継忠・三浦員久の在番していた城は、駿府館あるいは田中城、または小山城などが想定されるが、ここで田中城としたのは〔史料15〕の宛名の中の三浦と小原の二人が、この文書〔史料9〕の

宛名にも見え、〔史料15〕に「諏方原城に向かい伏兵を出し」という文言があることから地理的に諏訪原城に対向している田中城とした。ただ小山城にもこの文言があてはまるが、この城にはこのころ岡部元信らが在番していたと思われるので除外〔史料13〕。なお『信濃史料』は〔史料15〕を元亀三年に比定し、城を二俣城としているが、元亀三年は諏訪原築城前であり、二俣は先の文言から難がある。

⑥ 注④にあげた六月三日付けの信濃衆清野刑部左衛門尉宛勝頼書状に「仍って去る廾七の日付けを以て、板垣の所へ朝駿より注進の如くは、敵、動少々催し懸川に至り、小旗先相見ゆるの由候条」とあり五月二十七日、朝比奈駿河守信置から板垣左京亮信安へ、徳川勢が掛川辺りを東に向かって進んでいるという注進があったことがわかる。ただし朝比奈信置や板垣信安がこの時何処の城に在番していたのかは不明。なお『甲陽軍鑑』品第三十九に、板垣信安は「三方原の戦」のころ田中城に在番していたとあるが、この時点でも田中に在城していたのだろうか。

⑦ 書状（史料11）に見える山県昌満の居場所は、「其の地、諏方（諏訪）・小山・高天神」となっているので、列記された三城以外と思われるがそうすると田中城であろうか。しかし注⑤で述べように田中城には武田信友・小原継忠・三浦員久らが在番していたと思われるので単純にそうであるとは言い切れない。あるいは「其の地」遠江天方城（森町向天方の天方城址）であろうか。

⑧ 天野氏滅亡の年について、従来の史書では天正四年としてきたが、これは『三河物語』に「天正四年七月日、いぬゐへ御働有て、（中略）天野宮内右衛門かなわじと思ひて、しほ坂とかつさかをあけて、ししがはなへうつりて引除けり」とある、天正四年の年記に引きずられた可能性がある。『三河物語』のこの記述を含めた前後の記事は次のようになっている。

同亥の年（天正三年）、二俣へ押寄させ給ひて、びしやもんどう・鳥羽山・見な原・わたが島に取出を被成給ふ。二俣ヲ大久保七郎右衛門に被下ゆへ、みな原の取出に有然処に、高明の城へ押寄させ給ふ。大手の二王だうぐちへ本多平八・榊原小平太其外押寄けり。御籏本は横川へうつらせ給ひて、かがみ山へ押上させ給ひ、其寄城へ詰入程に、城には朝比奈の又太郎が在けるが、降参を請ければ命を扶てやり給ふ。同年二俣も落城也。

天正四年七月日、いぬゐへ御働有て、たる山の城を攻取、其寄かつさかへ押寄給へば、しほ坂を持て入立されば、大久保七郎右衛門に石が嶺へあがりてかさ寄も追崩と御意の候へば、おうけを申て、七郎右衛門石きりへ移ければ、天野宮内右衛門かなわじと思ひて、しほ坂とかつさかをあけて、ししがはなへうつりて引除けり。大久保七郎右衛門は天正三年乙亥より同天正九年辛巳年迄、二俣・高明・入手をもちて境めに有りて日夜無隙山野にふしてかせきけり。

そしてその後に「さて又天正五年丁丑に、すわの原の城を攻させ給ひて、頓て攻取給ふ」という文が続いている。しかしここに諏訪原城攻めを天正五年とするのは明らかな誤記である。実は二俣城・光明城・諏訪原城の攻略は、すべて天正三年のことであるので、叙述の順序からみて犬居攻めも天正三年であった可能性は捨てがたく、同年から大久保七郎右衛門忠世が二俣・光明・入手（犬居谷の城と思われるが不詳、史書によっては樽井山の城とも）の三城を所持したとすることはそれを暗示しているのではなかろうか。こうしたことから天正三年、天野氏が犬居谷を逐われたとみたい。そうした経過のなかで〔史料12〕の禁制は捉えられると思う。

⑨　この宛名の中の小原宮内丞は天正五年三月二十五日には丹波守として見える（『諸州古文書』信州）。な

お、八月十五日付け武田玄蕃頭宛勝頼書状（武田信保氏旧蔵文書）に「其の地番替わりとして来たる十九日小山田出陣候」とある小山田が六左衛門昌盛であるとすると、「其の地」は田中城と考えられるので、この文書は〔史料15〕以前、おそらく天正三年のものではなかろうか。

⑩　この史料（21）に見える「小尾崎・八幡山」の現在地比定は難しいのであるが、後者の八幡山は志太郡下青島村（藤枝市青葉町）の八幡山（岩城山、八幡熊野社鎮座）であるとすると、天正六年遠江に出陣した勝頼が帰陣の途中「青島」に三日ほど陣を据えて牧野城の様子をうかがった、その陣所は、おそらく田中城の西南五キロほどに位置するこの八幡山であろう。八幡山の北側には北方から張り出した尾根があり、その先端を瀬戸山というが、「小尾崎」というのはそこで北尾崎の誤写かも知れない。ちなみに、八幡山の西に隣接する藤五郎山（近年消滅）とその南の本宮山（正泉寺山）は、天正七年九月十八日徳川勢が陣取った「二山」（二つ山）である（『家忠日記』。『駿河志料』は八幡山と本宮山を取り違えている）。

⑪　七月二十九日付け浦野弾正忠宛勝頼書状写（尊経閣文庫所蔵小幡文書↓一三二九）に「大磯（遠江滝坂城）より注進の如くば、家康、高天神に向かい相揺き、今に陣取るの由候条、来る十日出馬せしめ候。早速支度有り、十日必ず着府待ち入り候」とある。なお、『甲陽軍鑑』品第五十三に「遠州の小山・さから・高天神」とあり、これは〔史料26〕の小山・滝坂・高天神と対応すると考えられるので、この「さから」は滝坂城のことである。ところで相良と云えば『甲陽軍鑑』の先の記事の項の終わりに（天正四年春遠江に出陣した勝頼が帰途）「さからに城取なされ候。高坂弾正縄ばり也」とあることから、史書類はこれを相良城創築とするが、史料的裏付けはなく、これは滝坂築城の誤伝ではなかろうか。『甲陽軍鑑』のこの項の記事も年代などかなり混乱している。ちなみに相良城は近世中期に家康の相良御殿跡に築かれたもの

で、相良御殿は天正九年七月、家康が築いた相良砦の後身である（『家忠日記』）。

⑫　小川隆司氏も『藤枝市史研究』第二号「武田・徳川両氏の攻防と城郭」の註（100）で、九月二十二日付け武田勝頼書状（岡部文書→一一五四）の「因茲、信君を今日指返し候」を、「田中城に在城していた信君が江尻城に帰っていたのを、徳川の動きに応じて再び田中城に差し戻すことを通知したものと理解できる」としている。

⑬　天正七年二月五日、勝頼は朱印状（『古文書』七所収松木文書→一一八二）を以て甲斐の山本弥右衛門尉忠房に、甘利以下の御家人衆や人足を徴発して、江尻城（朱印状では「玄蕃頭殿宿所と表記」されている）の普請を行なうよう命じている。また『静岡県史』資料編8中世4の史料番号一一八三〜一一八八も、この江尻城普請に関連する文書である。

なお、三月六日付けで原隼人佑や浦野孫六郎に宛てた勝頼書状（原文書・『新編会津風土記』所収文書）に「其の地の普請」とあるのも江尻城の普請であろう。これを柴辻俊六氏は沼津三枚橋築城の時のものとするが（『戦国遺文　武田氏編』）、三枚橋城の築城の季節は秋ではなかろうか。

⑭　この出陣の時に家康が布陣した地を、『家忠日記』では「四日、彼地陣取候」とあるのみであるが、『浜松御在城記』などは「八幡山」とする。ただし「遠目へ押出、八幡山に御陣取候」とあるのは、『三河物語』の天正七年の用宗城攻めとこの年の出陣を混同した記事を下敷きにしたための誤りである。つまりこの時、当目（焼津市浜当目）まで進攻したのは石川数正であり、家康自身は八幡山（藤枝市青葉町）に陣取っていたのである。

⑮　この時期の武田信君の動静については平山優氏の『穴山武田氏』（戎光祥出版　二〇一一）に詳しい。

光明寺と天方城

元亀三年（一五七二）十月、甲府を発向した武田信玄は遠江に入り、まず「たゝら」と「飯田」の二城を攻め落として処置したという。

『甲陽軍鑑』品第三十九に「信玄公（も）十月中旬に甲府を御立あり、遠州たゝら・飯田両城落て（両城を落としてヵ）御仕置あり」とある。そこでここでは「たゝら城」と「飯田城」について考えてみたい。

たゝら城は、『浜松御在城記』には「多々羅江」とあるので、これは近世の豊田郡只来《ただらい》村（浜松市天竜区只来）の地名を負った城と思われるが、只来には城跡は見られず、この地域の城といえば、その北方に聳える光明山（標高五三九メートル）から南に張り出した尾根に築城されていた光明城がある。光明山は鏡山ともいわれ、地籍は只来の隣村山東《やまひがし》村（天竜区山東）に属しているが、たゝら城はこの城のことをいっているとみてまず間違いない。

次に飯田城であるが、これは『遠江国風土記伝』南周智郡飯田村（森町飯田）の項に「（古城）城跡、飯田山に在り、城没して後ち移して崇信寺を建つ」とある城とされている。しかし『甲陽軍鑑』の「飯田城」というのは、崇信寺が建てられている飯田山に在ったと云われる城ではなく、その北方五キロメートルほどに位置する天方《あまかた》城（森町向天方《むかいあまがた》の標高二四八メートルの山頂城ケ平に城跡）を云っているのではなかろうか。そこは中世の飯田庄天方郷であるので、その城が飯田城と『甲陽軍鑑』の編者に認識された可能性も捨て難い。『甲陽軍鑑』品第四十九「信玄公御一代攻取給ふ城の事」には遠州の城として、ふたまた（二俣）・たゝら・いぬい（犬居）・あまかた（天方）の四城が記されているが、飯田城は見えない（『甲陽軍伝解』

には、ふたまたとたゝらの間に「一、飯田」とある。頭書にあげた記事により補記されたものであろう）。

※　信玄のたゝら・飯田城攻めのことは『三河物語』には見えないので、『浜松御在城記』に「多々羅江・飯田ノ両城」とあるのは『甲陽軍鑑』に拠ったものであろうか（『松平記』には「飯田の城」のみ、ただし元亀元年のこととしている）。

さて、問題は先に見たように、信玄が「遠州たゝら・飯田両城（を）落（とし）て御仕置」であるが、果たして信玄はこの両城を陥れ接収したのであろうか。もしそれが事実とすればこの二つの城にはこの時徳川方の将兵が入っていたことになるが、そうしたことが書かれたものは見られず、それ以前からこの両城が存在していたという記録もない。と云うことは「たゝら・飯田両城（を）落（とし）て」という記述は誤記であり、光明城と天方城は遠江に進攻してきた信玄に依って新たに構えられた城である可能性が出てくる。それはこの後この二城が武田の城として見えるからである。

たゝら城＝光明城は元亀四年（天正元年）八月十三日の武田勝頼書状写（『土佐国蠹簡集残篇』所収文書、松井山城守宗恒が光明之番をしていることが知れる）などに見え、天方城は『甲陽軍鑑』品第十七に「遠州あまかたは駿河一騎合之衆番手がわり也」とあり、両城共に武田勢が在番している。ところで、この二城の遺構であるが、光明城祉には江戸初期に曹洞宗光明寺が建立されたためその遺構は明瞭ではない（光明寺は昭和六年焼失によって山下に移転し現在に至る）。これに対し天方城址は、直径八〇メートルほどの平地である本曲輪の縁に沿って南西から右廻りに東側に及ぶ空堀が掘られていて、北側に二つの曲輪が付属するなど（近年公園として整備されている）、その立地、規模からどう見ても土豪の城ではない。

ちなみに武田信玄の進軍路であるが、『当代記』には「遠州発向、高天神表を通、見付国府え被打出」とあるので、駿河から、十日遠江へ入り海岸沿いに進み高天神を降し、下旬城東郡横須賀を過ぎて北上、袋井へ出て西に向かい見付付近で徳川勢と戦いこれを退け、十一月上旬二俣城攻めへと向かったようである（徳川美術館所蔵文書・武市通弘所蔵文書・可睡斎文書・三浦文書等）。

なお『三河物語』には、元亀三年「遠州の小侍共が信玄へ降けるが、此度供して来りて、天方・むかさ（向笠）・市の宮・かくわ（各和）の古構、其外の古城、又は屋敷構を取立てもつ。かくわの構を持たる小侍共を、久野と懸川と出合て攻をとして多討捕たらば、其外の所をば不残わけたり」とあるが、ここに「天方」の古構とあるのはいうところの天方城ではなく、天方城址の所在する森町向天方（周智郡向天方村）の北隣同町大鳥居（周智郡大鳥居村）に所在したと思われる館跡、あるいは城跡のことではなかろうか。

この地域は中世の飯田庄天方郷（古くは飯田庄上郷カ）の中心地であったらしく土豪天方氏の菩提寺である蔵雲院などが在り、同地の本城山（標高一四八メートル）は城跡と云われ、最近はこれを天方古城跡と呼んでいる。

※先の『三河物語』の記事には、続けて「天方計、久野弾正其外寄合の小侍共がもちけるを、味方ヶ原の合戦の後、天方の城を攻させ給ひて、本城計にして引のかせ給へば、其後明て除」とある。文脈からはこの天方も天方の古構・古城のことのようにも取れるが、久野弾正（宗光、久野城主宗能の叔父）は天方郷とは関係ない人物のようであるので、これは武田の天方城でのことを云っているのではなかろうか。つまりこの記事は別々の出来事を一つにしてしまったように思われるのである（『浜松御在城記』はこのことを天正元年三月とするが、信玄が没する前であるので、このことはもっと後のことであろう）。

ところでその後の光明城と天方城であるが、天正三年長篠の戦の直後と推定される六月七日付武田勝頼書状写（天野文書）によれば、天野宮内右衛門尉藤秀が光明城の在番を申し付けられていて、武田の城として機能していることがわかる。そして七月五日付武田勝頼書状（孕石文書）に次のようにある。

急度一筆染め候。仍って敵光明へ揺《はたら》き候の処、在番衆相退き候歟、是非無き次第に候。然れば則ち其の地、諏方・小山・高天神の用心簡要に候。堅固せしめ候の様肝煎り尤もに候。

既に人数相調え候条、近日出馬せしむべく候。その意を得ること専用に候。然れば犬居の儀、心許無く候の間、人数用所有らば、苦労乍ら、三右・朝駿・小宮、其の外直参衆以下に加勢候の様、催促有るべく候。当敵の様子注進待ち入り候。恐々謹言。

〈追て、彼の書状伺へも、急度相届けらるべく候。〉

七月五日　勝頼（花押）

山県源四郎殿

宛名の山県源四郎昌満は長篠の戦で討ち死にした三郎兵衛尉昌景の嫡子であり、光明落城により心許なくなった犬居谷の天野藤秀に加勢するよう三右＝三浦右馬助員久・朝駿＝朝比奈駿河守信置・小宮＝小原宮内丞継忠らに催促するよう勝頼は山県昌満に指示している。

さて山県昌満の所在地「其の地」であるが、それは天方城ではなかろうか。というのは「其の地」に続く諏方（訪原）・小山・高天神の三城が遠江国内に所在していて、書状の中に見える三浦員久と小原継忠が直前の六月朔日に駿河国田中城に在番していることが六月朔日付け武田勝頼書状（関家文書）で知れるからである（朝比奈駿河守信置の在城していた城は不明）。そしてその直後、天野藤秀が犬居谷を逐われ、八月諏訪原城が落城、二俣城も十二月開城した。

したがって天方城からも天正三年中に在番衆が引き上げたと推定されるのである。

光明城と天方城

元亀三年（一五七二）十月、甲府を発向した武田信玄は遠江に入り、まず「たゝら」と「飯田」の二城を攻め落として処置したという。『甲陽軍鑑』品第三十九に「信玄公（も）十月中旬に甲府を御立あり、遠州たゝら・飯田両城落て（両城を落としてヵ）御仕置あり」とある。

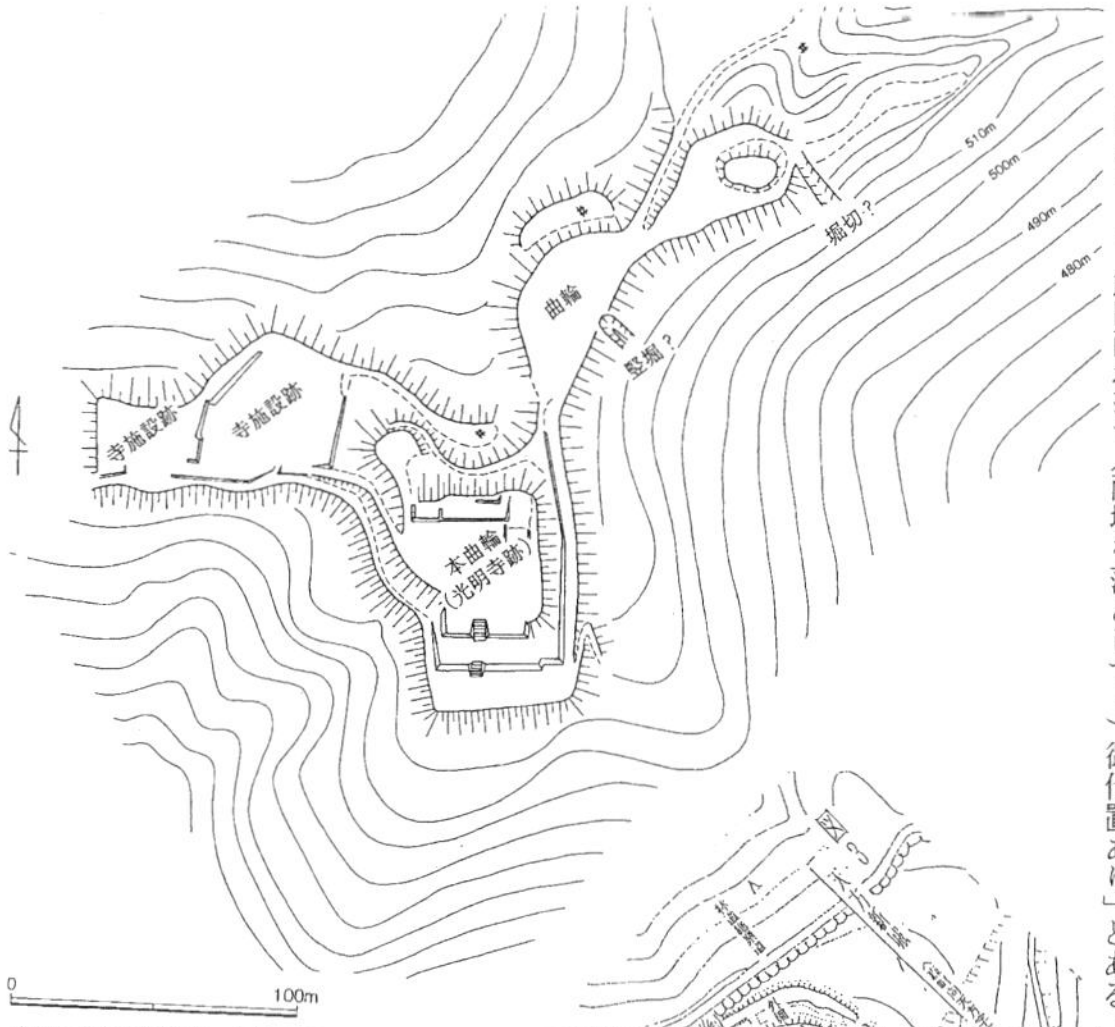

光明城跡概略図（作図：加藤理文）

図3　天方新城〈森町向天方字二つ沢〉
H8.3.23～5.11　乗松稔作図　乗松・花嶋調査

天方城址見取図

（静岡古城研究会『古城』第四十三号花嶋論文より）

『甲陽軍鑑』品第十七（在城衆）

一、大熊備前　遠州小山⑭に在城「なり」。
一、下曽禰。信州小室⑰に在城「也」。
一、遠州いぬい⑲（乾）天野宮内右衛門は、則乾《いぬい》⑲にかき上城《あげじろ》あり。
一、勝頼公、信州いな⑳（伊奈）のたかとうに御在城「なり」。
一、遠州あま㉑かたは、駿河一騎合之衆番手がはり也。

※『遠江国風土記伝』によると、光明山には元々真言宗光明寺が所在し、そこが城として取り立てられたため寺は山下に移転を余儀なくされたが、江戸時代初期光明山の旧寺地に曹洞宗寺院として再建されたとあり、寺蔵の破鐘銘「大日本国遠江州豊田郡二俣郷明鏡山光明寺洪鐘。住持比丘梵性。大旦那柴田元貞。勧進沙門真清。同国森住大工藤原次盛。于時長禄二年戊寅十一月初六日敬白」を載せる。

ちなみに光明寺には天文二十一年（一五五二）四月十二日今川義元判物（光明寺文書）以下が伝えられていて、それには「二俣光明寺」と記されている。

〔付記〕

この武田信玄の遠江出陣の経路はこれまで信濃から遠江に入ったとされて来たが（参謀本部『日本戦史　三方原役』、高柳光寿『三方原の戦』など）、これは根拠のない想像であり、信玄は駿河から遠江へ進攻したことが芝裕之・本多隆成両氏により明らかにされた。

芝裕之「戦国大名武田氏の遠江・三河侵攻再考」（『武田史研究』第三七号　二〇〇七年）

本多隆成『定本徳川家康』（吉川弘文館　二〇一〇年）

同「武田信玄の遠江侵攻経路」（『武田史研究』第四九号　二〇一三年）

武田勝頼の「平山越」について

『甲陽軍鑑』品第五十一に、天正二年（一五七四）九月、武田勝頼が遠州へ出馬して天竜川で徳川勢と対戟してこれを退けた後、「いのや（井伊谷）へ御馬を寄ら〔れ〕（中略）平山越を信州伊奈へ御馬入りなり」。

また同書品第五十二に「勝頼公、信州より遠州平山越を御出あり、三州うりと云所へ御着被成、長篠奥平籠居たる城へ取懸御攻なされ候」とある「平山越」を、これまで歴史家は遠江国豊田郡上平山・下平山村（浜松市天竜区上平山・下平山）、あるいは同国敷智郡平山村（浜松市北区平山）と見做してきている。

しかし井伊谷から平山への行路は無きにしもあらずと思われるが、後者の信濃から三河の長篠城（愛知県南設楽郡鳳来町長篠に城跡）に向かうのに、一旦遠江へ入国して南方から長篠へ向かうなどということは不自然であり納得できないでいた。そうしたことを意識して、三河・信濃・遠江三国の接する辺りの地図を見ていたわけではないが、最近愛知県北設楽郡設楽町に「平山」という所（三河国設楽郡平山村、岩古谷山の東麓）があることを知った。

そこは、三州街道（別所街道。三河国渥美郡と信濃国伊奈郡を結ぶ東街道）沿いの中世の振草郷と、伊那街道（同上西街道）沿いの中世の田内郷とを結ぶ往還道が通過しているので、そこが「平山越」の平山であれば、その南方には布里という所（南設楽郡鳳来町布里）があり、そこを『甲陽軍鑑』が「宇利」と誤ったと考えると道順としての不自然さは解消するように思われるのである。

長篠の戦の時、武田勢は長篠城攻めに先立ち野田砦（新城市野田に城跡）を陥れ、さらに吉田城（豊橋市今橋に城跡）を攻撃したが、これを主導したのは、甲府を一足先に出陣した山県昌景で、彼は三河の足助城（愛知県東加茂郡足助町に城跡）を降した後に作手（南設楽郡作手村清岳・白鳥）へ出ている（孕石文書）。そしてその作手で信濃伊那谷より進軍してきた勝頼本隊と合流した可能性が高い（『当代記』）。

そうであるならば、『甲陽軍鑑』の「遠州平山越」は三州平山越の、「三州うり」は三州ふりの誤りではなかろうか。作手は布里から西南西に二里半ほど行った所である。

これまでいわれているように、平山を豊田郡や敷智郡のそれに充てると「平山越」という言葉がその地理の様子に相応しくないのである。豊田郡の平山は山腹を通過する道沿いであり、敷智郡の場合は平山の北西に三河へ越す宇利峠があるので、平山越ではなく「宇利越え」というはずである。

ちなみに、宇利（三河国八名郡宇利郷→新城市富岡・中宇利・小畑）は豊川左岸の地で、長篠の南西二里はどに位置している。

ところで、天正二年九月の勝頼の遠江出陣については裏付けがなく、伊奈で祖父信虎に対面したとするが、信虎は既にこの年の三月五日、高遠で没してしまっている（佐久市竜雲寺文書）。

以上の仮説はまだまだ検証を深めなければならないことは承知している。

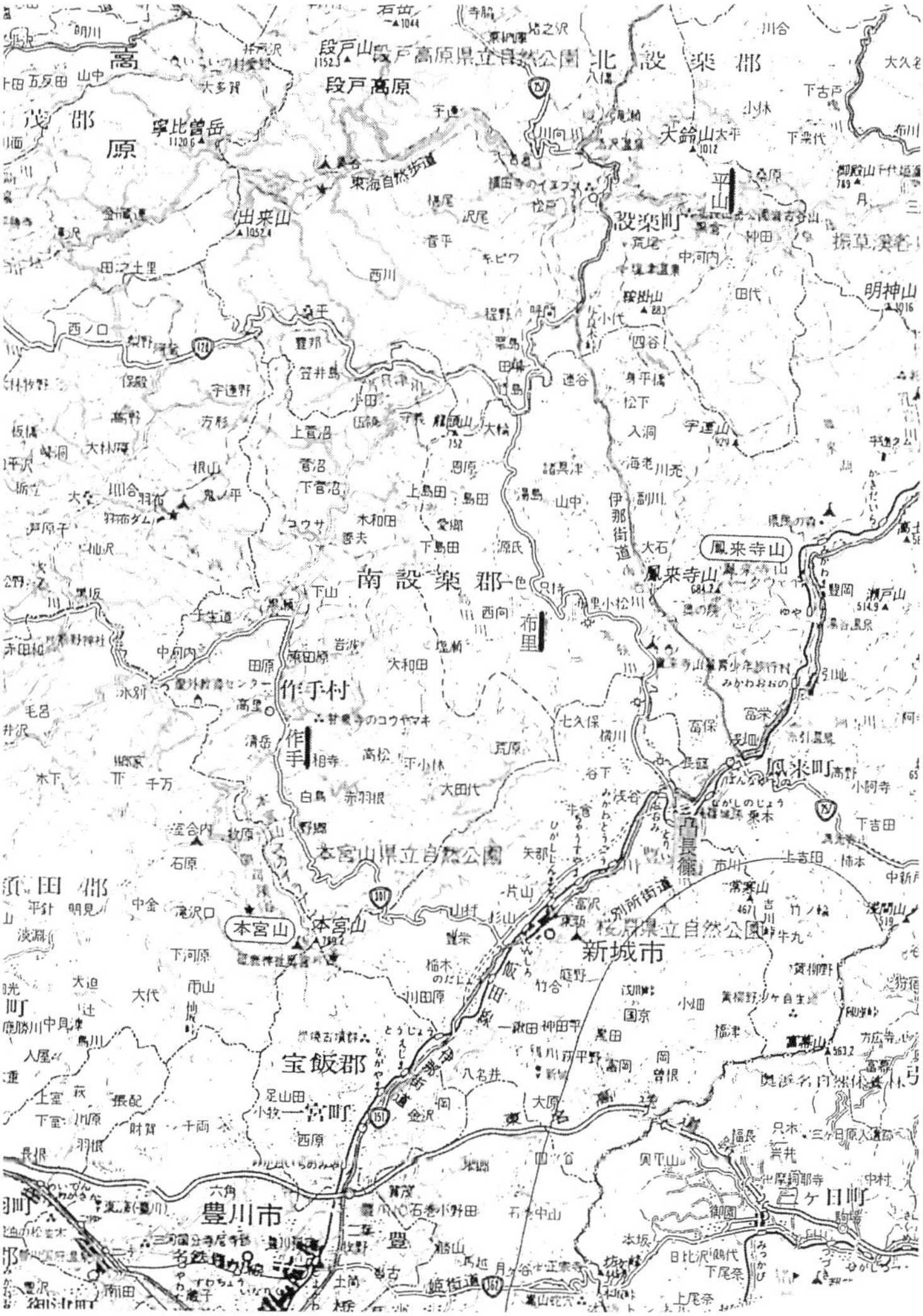
段戸山
段戸高原県立自然公園
段戸高原
北設楽郡
鷹巣山
大鈴山
出来山
東海自然歩道
設楽町
平山
明神山
宇連山
南設楽郡
鳳来寺山
作手村
作手
布里
本宮山県立自然公園
本宮山
桜渕県立自然公園
新城市
長篠
鳳来町
別所街道
伊那街道
宝飯郡
一宮町
豊川市
三ヶ日町
東名高速道

遠江三河地図

樽山城について

（『古城』44（平成10年7月発行）所収「武田・徳川攻防年表」付録）

『三河物語』に「天正四年七月日、いぬゐ（犬居）へ御働有りて、たる山（樽山）の城を攻取、其寄かつさか（勝坂）へ押寄給へば、しほ坂（潮坂→潮見坂）を持て入立されば、大久保七郎右衛門に、石が嶺（→大石ガ峰）へあがりて、かさ寄も追崩と御意の候へば、おうけを申て七郎右衛門、石きり（石切）へ移ければ、天野宮内右衛門かなわじと思ひて、しほ坂とかつさかをあけて、ししがはな（鹿鼻）へうつりて引除けり。」とある記事は、徳川家康が遠江犬居谷（犬居山中ともいい、周智郡領家・気田・熊切郷一帯）の天野宮内右衛門藤秀を攻め、天野をこの地から逐った時の戦いを、後に大久保彦左衛門が回想して記録したものである。

さて、この記事の中にでている「たる山の城」については、江戸後期の地誌『遠江国風土記伝』が「能切郷田河内」、現在の春野町田河内に所在したと記して、その城跡は田河内の字田代の城山（標高六二九メートル）とされてきた。確かに二万五千分の一地形図によればその城跡とされる山の西北に位置する山頂付近に「樽山」と記入されてはいるが、この樽山というのは城山も含んだ地域をいうのかよく分からない。

ところで、犬居谷の城といえば犬居城が広く知られている。『遠江国風土記伝』の領家郷【領家】の項に「（犬居古城）郷人城山といふ、平木の人曰ふ鐘掛城と号する是なりと、篠嶺と相去る凡そ七十町なり、始めて築く時代は知れず、天野氏世々茲に任む、永和元年景隆遠江守に任ず、宣旨古証文七十通余存す、天正四年落城して天野宮内右衛門甲斐国に奔り、天野の族今に存して気田の民家に居る、」とあり、現在の春野町領家鐘掛山（行者山ともいう）に城跡がある。

犬居城は同時代史料にはみえず、『浜松御在城記』に「犬井ノ城主天野宮内右衛門」、『甲陽軍鑑』に「遠州之内落城之事、一ふたまた　一たたら　一いぬい〈是ははやく御味方申す、城主天野宮内右衛門也〉」とあるのが古く（二書ともに江戸前期の成立）、当然記述があってしかるべき『三河物語』にでてこないのはどうしたことであろうか。これについて私は、現在犬居城といわれている城は、『三河物語』にいう「たる山の城」と同じ城ではなかろうかと思うのである。

『三河物語』の先に引いたところの記事より前に、徳川家康が「天正二年〈甲戌〉四月、いぬゐへ腰兵粮にて御はたらき有て、ずいうん（瑞雲→瑞雲寺）に御旗が立ければ、しよせいは、れうけ（領家）・堀の内・和田の谷に陣取、折ふし大雨ふりて大水出ければ、一両日は何も兵粮なくして迷惑したり、然者、水も程なく引おちければ、同六日ノ日御陣も引除させ給ふ所に、御旗本はみくら（三倉）、迄引とらせ給ふ、然る処に、天野宮内右衛門、けた（気田）の郷より出て、あとぜいにしきって、したゐ付」、そして「たる山の城・かうめう（光明）の城より、是等が先へ廻て、由の（田能）・おふくぼ（大久保）村に」おいてゲリラ戦を繰り広げたので、攪乱された徳川勢が敗退したという記事がある。

この徳川勢の犬居攻めは、森町方面より三倉谷を経て、犬居谷に入り、気田川の南岸まで進み布陣したようである。しかし大雨による出水のため気田川を越えることができず、兵糧も乏しくなったため、徳川勢は陣を払い退却をはじめたが、犬居谷奥の気田郷（篠嶺城カ）を出た天野宮内右衛門が後に迫る方、たる山の城と光明の城の兵が三倉谷の田能・大久保へ先回りしてゲリラ戦を繰り広げたというのである。

さて、犬居谷から三倉谷へ向かって退却する徳川勢を、光明城の兵が先回りして待ち受けることは、光明城がその西方（直線距離で七キロほど）に位置しているごとからごく自然であるが「たる山の城」

を田河内の樽山城とすると、田能・大久保からは北東に直線距離でも十二キロ以上で、南下して春野山方面から三倉谷へ出なければならず、その間は山岳と渓谷を縫う難路であり、三倉谷へ先回りしてすることは不可能と思われるのである。しかし、「たる山の城」が犬居城のことであれば光明城の北東に位置し・田能・大久保からは北西にあたり、直線距離にすれば五キロほどで、二俣街道を南下して途中で光明城の兵と合流することも容易である。

また、はじめに引いた『三河物語』の徳川家康の天野氏攻略の記事であるが、まず「たる山の城」を攻取り、それから勝坂の城へ押寄せたと書いでいる。ここで疑問なのはどうして犬居谷の入口近くに位置する犬居城がでてこないで、犬居谷ではかなり東方に位置する砦のような樽山城を徳川勢が攻めなければならなかったということである。というより出てこないのではなく、犬居城というのは「たる山の城」であればこうした疑問も解消するのである。

つまり、犬居谷に攻め入れば、まず一番に犬居城が障害となろう。そして、天野氏が気田の奥に引きこもったとすれば、気田川にそって軍を進めるはずで、わざわざ迂回して狭小でわずかな兵しか駐留できそうもない樽山城など攻撃する必要はないと思うのである。

いわゆる犬居城は立地もよく要害で、城である山上も広く、相当の軍勢の駐留が可能であることは間違いなく、気田郷の篠嶺城とならぶ犬居谷を代表する城である。

天野氏没落後、犬居谷を支配したのは天野攻めで功のあった大久保七郎右衛門尉忠世である。『三河物語』は天野氏攻略の記事に続けて「大久保七郎右衛門は、天正三年乙亥より同九年辛巳迄、二俣・高明（光明）・入手をもちて、境めに有りて、日夜無隙山野にふしてかせきけり」と記している。大久保忠世にとって二俣城は本城であり、光明と入手の城は支城と考えられるが、問題は入手城がよく分からないのである。入手城の所在地を春野町小俣京丸の入出山（標憲一二一二メートル）の山頂付近とするものもあるが、かつて城のあったような形跡はみられないという。

この入出というのは突飛な城名で、『浜松御在城記』には「樽山ハ甲州境ト相見ヘ申候、入出トモ云カ、但、入出・樽山別ニシテ相並フカ」とあり、この時代（江戸前期）既に、入出はもちろん樽山の城も分からなくなっているのである。そして「大久保七郎右衛門忠世、二股（二俣）・光明・樽山三所ヲ守リテ、天正十年甲州没落迄、手遣辛労之様ニ申伝候」と、入出と樽山を同じ城としている。

大久保忠世が二俣城にあって天野氏の旧領であった犬居谷（犬居山中）を九年間支配したのであるが、なぜ犬居谷の入り口に位置した犬居城のことが出てこないで、それに代るように樽山城が出てくるのであろうか。現在言われているそれぞれの城跡を見ると、犬居城が一定期間存続したことは推測できるが、樽山城については一時的な砦という感じはまぬがれず、あまりにも狭く軍勢が常駐できたとは思われないのである。こうしたことから私は、『三河物語』に出てくる「たる山の城」は犬居城のことであると考えているのである。

《参考》

犬居城の見える地誌

『遠江国風土記伝』 領家村

犬居古城鐘掛城と号す是なりと

『遠淡海地志』 堀之内村

秋葉山古城墟犬居村より艮ノ方に出丸ノ跡也

『掛川誌稿』堀之内村

鐘掛山市場ニアリ昔天野氏城ノ斥候台、鐘掛古城　鐘掛山ノ下ニアリ、市場ノ背瑞信庵ノ辺ニ石垣少遺ル。

※『遠淡海地志』の「田河内村」の項に小地名として、奥村・下村・中辺とあるが「樽山」はない。
但し「古城墟　垂山ノ城墟ト有リ、土人天野宮内左衛門居城ト里人云。案ニ天野持ノ城ナリ」と。

喫茶文化史の一齣

一　煎茶の歴史　―日本でのその始まりを探る―

お茶の飲み方、喫茶法は、煎茶《せんちゃ》法・点茶《てんちゃ》法・淹茶《えんちゃ》法の三つに大きく分けられます。

煎茶法というのは中国の唐の時代（日本の飛鳥時代から平安時代前期）には、煮茶《しゃちゃ》といわれたように、蒸した茶葉を臼で搗《つ》き、成型乾燥して固形茶にしたものを、炙《あぶ》って碾《ひ》き、その粉末を火に懸けた湯鍋に入れ、泡立った所を茶碗に汲み分けて飲んだようです。

しかし後には製法の進歩により、固形茶にしない以前の葉茶《はちゃ》を、そのまま沸いた湯の入った湯瓶《ゆびん》に入れ、その煎汁《にじる》を茶碗に注ぎで飲むようになりました。

次に点茶法、これは中国では宋から元の時代（日本の平安時代中期から南北朝時代）にかけて行なわれていた飲み方で、固形茶の粉末、あるいは葉茶を碾いた粉末（末茶）を茶碗に入れ（分茶）、そこへ湯を注ぎ掻《か》き混ぜて飲む飲み方です。これを点茶というのは、茶碗の中の粉末茶の一点に、口の長い湯瓶で湯を注ぐからだといわれています。この点茶法が日本に伝わり、後に「茶の湯」に発展しました。

そして淹茶（中国では泡茶《ほうちゃ》）法ですが、これは急須などに茶葉を入れて、そこに湯を注ぎ、その浸し汁を茶碗に移して飲む、現在一般に行われているお茶の淹《い》れ方での飲み方です（「淹」は浸《ひた》すという意味です）。

ではここからは、茶葉での煎茶法が何時《いつ》頃から日本で行われてきたかを探ってみたいと思います。が、先ずこれまで喫茶の歴史が日本ではどのように述べられてきたかを見ておくことにします。

日本でお茶が飲まれるようになったのは意外と古いようです。遠く奈良時代天平元年（七二九）聖武天皇が僧たちに茶を賜わったといわれています。また平安時代弘仁六年（八一五）には、嵯峨天皇が近江唐崎へ行幸されたとき梵釈寺の僧永忠が茶を煎じて天皇に差し上げたという記録も残っています。

鎌倉時代栄西禅師が中国から茶の種を持ち帰り、当時の中国のお茶の飲み方を伝え、『喫茶養生記』を著して、お茶の効能を詳しく説きました。これにより広く茶の栽培が行われるようになり、飲み方も茶の葉を粉にして飲む抹茶としての飲み方が普及するようになりました。

南北朝時代の中頃中国は明王朝の時代に入りますが、この頃、中国では茶葉を煎じて飲む、いわゆる煎茶へと変わり、文人たちの間に煎茶趣味が流行し、これが日本に伝えられます。しかしそれが何時であったのかは詳しい記録がありません。おそらく江戸時代の初期だろうと考えられてます。

新しい煎茶の飲み方が伝えられるまで日本のお茶は抹茶として飲まれており、これ以後両方の飲み方が行われるようになり、現在に至っています。

これは全日本煎茶道連盟が刊行した『煎茶道のすすめ』(平成十一年第六刷)「煎茶のはじまり」より抜粋要約したものです。

ところで中国には、『茶経《さきょう》』、『茶録《さろく》』という有名な茶書が伝えられています(茶の唐音はサでチャは慣用音)。『茶経』は茶聖と呼ばれている唐の陸羽《りくう》の著で、その「五之煮《しゃ》」の中に、粉にした茶を沸いた湯に入れて煮《に》て、それを盌に酌んで飲むというような記述があり、同書「六之飲」には「飲に觕《そ》茶・散茶・木茶・餅《へい》茶なるものあり。乃《すなわ》ち斫《けず》り、乃ち熬《い》り、乃ち煬《あぶ》り、乃ち舂《つ》き、瓶缶の中に貯え、以て湯に沃す焉《なり》」とあります。これによると中国では粉にしたお茶を煮て飲んでいて、そのお茶には製法の違う四種があったということでしょうか。この内の餅茶は蒸した茶葉を臼で搗き成型乾燥した、いわゆる固形茶であったと推測されますが、觕茶・散茶・

末茶についてはよくわかりません（布目潮渢氏の訳注には、觕茶は番茶の類、散茶は茶葉、末茶は茶葉を粉末にしたものとあります）。

次に『茶録』ですが、これは宋（北宋）の蔡襄《さいじょう》の著で、その上篇「茶を論ず」に「点茶」の項があり、点茶法を説明していて、宋の時代になり点茶が始まったことが知れます。そして下篇「茶器を論ず」の「湯瓶《とうへい》」の項では「瓶は小さくなければならない。湯の加減が見やすいし、茶を点《た》てるとき注ぎの量が適確に出せるからである」と、述べています。なおこの点茶には、片茶と呼ばれた固形茶を碾いた粉末を用いたが、それは宮廷などでのことで、一般には草茶と呼ばれた茶葉の粉末であったと考えられます。

さて日本での中世におけるお茶の受容と流布ですが、先ず布目潮風氏の『中国文化と日本』（汲古選書21平成十年発行）の中の「(二) 栄西と茶の再渡来」を読んでみたいと思います（但し抜粋、…は省略部分）

栄西は『喫茶養生記』…において…苦味の茶を喫すれば心臓が強化され、無病になるという茶による養生法を述べた。…栄西が…書いている茶がどのような製法のもので、どのように飲んでいたのであろうか。…栄西が入宋したころの宋代の上流階層の茶について関心は建安北苑産の固形茶に集まっていた。この固形茶も飲む段階では粉末になっている。またわが国現在の抹茶は茶採みした葉を蒸し、乾燥し、石臼にかけて粉末にしたものである。『喫茶養生記』の「明調様」（茶の調整の仕方）に「宋朝にて茶の焙《あぶ》り方を見ると、朝採み、すぐ蒸し、すぐ焙る」とあり、この文と現在の抹茶の製法との間に矛盾はとくにない。問題は栄西が実見に基づいているのに、宋朝ではこのような製法が当時あったことは文献には見えない。文献に残らなかったのだと言ってしまえばそれまでだが、私はこだわっている。

…『宋会要輯稿』（宋会要、宋の典制録）食貨条…では茶を「片《へん》茶」と「散茶」に分け、片茶は…固形茶であり、散茶は葉茶である。散茶の中に末散茶・屑茶《せっちゃ》の名称があるから粉末の茶は散茶の中に分類されている。また散茶の中に「第二号・第三号〔明州〕、末等〔台州〕」とある。この「末等」が「末茶」の誤りとすれば、栄西が訪れた天台山（台州所在）で当時行われていた茶が末茶で、これを栄西が見てきてわが国に伝え、それが現在わが国の抹茶ということになるのだが。

南宋に渡った栄西が見たものは、そこでは健康増進としてお茶が広く飲まれていて、滞在した天台山などでは喫茶が法会儀礼「禅院茶礼」として行われていることでした。

栄西の帰朝以後、栄西の勧めもあり、日本でもお茶を飲むことが再び寺院を中心に広がります。勿論それは末茶（抹茶）を使用する点茶法です。鎌倉時代における詳しい作法の記録は見当たりませんが、南北朝時代の成立とされる『喫茶往来』に次のようにあります。

会衆列座の後、亭主の息男茶菓を献じ、梅桃（紅顔）の若冠建盞《けんさん》（天目茶碗の一）を通ぐ。左に湯瓶《とうへい》を提《ささ》げ、右に茶筅を曳き、上位より末席に到り茶を献じ、次第雑乱せず。

なお、京都の建仁寺で毎年四月二十日の栄西誕生日に行われる「四頭茶会」は、方丈に栄西の画像と竜虎図の三幅一対を架け、四名の正客（四頭）と、それぞれに相伴する七人の客（総勢三十二人）を迎え、イスに腰掛けた客に四人の供給《きょうきゅう》僧が菓子と抹茶を入れた台天目を配り、別の四人の供給僧が順次客の天目に湯を注ぎ、湯瓶を左手に持ったまま右手の茶筅で茶を点《た》て、客は菓子を食べ茶を飲む儀式ですが、これは『喫茶往来』に記されている作法と基本的に同じと思われます。

鎌倉時代後期、幕府は中国から禅僧を迎え入れて多くの禅宗寺院を建立しましたので、そこでは禅院茶礼が盛んに行われたようです。これに伴い日本各地にお茶の産地が形成されます。

南北朝時代の成立という『異制庭訓《ていくん》往来』姑洗（三月）二日状の中に、

我朝の名山（茶の産地のこと）は栂尾《とがのお》を以て第一と為すなり。仁和寺・醍醐・宇治・葉室・般若寺・神尾寺、是れ補佐為り。此の外、大和室尾（生）・伊賀八鳥（服部）・伊勢河居・駿河清見・武蔵河越の茶は皆是れ天下に指して言う所なり。

とあります。また、鎌倉時代末期の律僧順忍の文保年間（一三一七～一九）の書状（金沢文庫古文書）に「貴寺（金沢称名寺）の新茶一裹《ひとつつみ》拝領し了《おわ》んぬ」。同じく覚恵の嘉暦年間（一三二七～二九）頃の書状（同上）に「一、茶園のかき（垣）の事、今日廿八日人やとい候てせさせ候」という文言が見え、律宗称名寺でもお茶が栽培され製茶もおこなわれていたことがうかがえます。

喫茶文化史研究者である橋本素子氏は「鎌倉時代までは禅宗寺院よりも顕密寺院を中心に茶の生産をはじめとする喫茶文化の受容が進んでいた」と、『講座日本茶の湯全史』第一巻中世（思文閣刊二〇一三）の「平安・鎌倉の喫茶文化」の中で述べられています。橋本氏にはまた「室町時代農村における喫茶文化の受容について」（『年報中世史研究』第27号）という論考があり、因幡国吉岡庄・播磨国安田庄・同田原庄・和泉国久米田寺・大和国八峯山・山城国菅井庄・同伏見御所東谷岸上・同山科音羽郷・近江国奥島庄・同菅浦庄・同今堀・越前坪江郷などからの貢納茶を取りあげて、室町時代におけるお茶の流通と宋式喫茶文化を論じ、〈結にかへて〉で次のように記されています〈抜粋〉。

室町時代都市の膨大な茶の需要は農村の茶が支えたこと、その農村において荘園領主や守護が寺庵から

「懸茶」という形で茶を徴収する方法を確保していたことを見た。
次にその寺庵では保育する茶園での茶栽培から製茶まで一貫して行うことで農村における茶の中核となっていることを見た。
最後に農村各層における宋式点茶法の受容を検討し、一五世紀には宋式点茶法が名主・百姓層に至るまで広範囲に受容されたことを明らかにし、殊に政治儀礼・宗教儀礼として展開した点に特徴があることを述べた。
（中略）客人を「茶をもって饗応するという儀礼的喫茶文化の本質的なありかたは、（中略）一五世紀にはすでに庶民層にまで浸透していたのである。

これまで述べてきたように、中世の日本ではお茶は抹茶の点茶法で飲まれてきたとされていて、煎茶法での喫茶は近世になってからだといわれていることは、当初引用した『煎茶のすすめ』に見る通りです。

ところで中国では、日本の中世初めにあたる南宋の時代の人朱熹の著とされる『文公家礼』に「古人は茶を飲むに末を用う。（中略）今人《いまひと》は湯を焼《た》きて葉茶を煎じ」る、とあり、同じく南宋の林洪の著『山家清供《さんかせいきょう》』の「茶供」の項には「茶は薬である。煎じて服用すれば消化不良を解消するが、湯で点《た》てれば却って胸に滞《つか》え脾と胃に悪い」云々。また南宋の次の元の時代の王禎の著『農書』にも「茗煎、嫩芽（若芽）を択び（中略）湯を以て煎飲す」と、茗（葉茶）を煎じて飲むことが出てくるので、中国では日本の中世の初め頃より、煎茶法が点茶法に変わり次第に主流になっていったことが知れます。

こうしたことから、当時の日本と中国との交流上これが我が国に伝わらない訳がありません。しかし日本の文献にはそれを詳しく記したものが見当たりません。ただし、五山文学の詩文の中には「煎茶」という言葉が出てくる作品があり、このことに早くから注目したのは煎茶道小川流家元の小川後楽氏です。氏はその著『茶の文化史』（文一総合出版昭和51年刊）の中で「もちろん詩文に使われた文字という制約もあるが、しかし抹茶に並行して、すでに煎茶が飲まれていたと考えることは、決して無理な注文ではないだろう。何故ならば、（中略）すでにこの時代の中国では、茶の主流は、抹茶から煎茶に移行していたからである。」と述べています。以下に小川氏の著書などからそうした詩の幾つかを抄出してみます。

謝スレ恵ヲレ茶ヲ　天岸慧広（〜建武二年＝一三三五寂）

早春尋ネ二雪叢ヲ一　調理策《はか》ル二奇功ヲ一　臼ニハ碾キ二（末茶のこと）黄金粉ヲ一
瓶ニハ烹ル二（葉茶のこと）鳥獣紅ヲ一　汲ンデレ泉ヲ師トシ二陸羽ヲ一　停メテレ椀ヲ憶ウ二盧同ヲ一
嘗テ試ミル武夷ノ味　何ゾ如カン二者《この》一封ニ一　〈『東帰集』より〉

煎茶　虎関師錬（〜貞和二年＝一三四六寂）

活水ヲ汲来テ活火ヲ焚ク　己ニ帰ッテ二春色ハ一又騰《つた》ウレ芬《かおり》ヲ
半舛（升）ノ鐺子《とうす》ハ乾坤別ニシテ　耳界ハ松涛眼界ハ雲

茶炉

弄シ二得テ泥団ヲ一別ニ有リレ規《のり》　包二含シテ鼎鼐《ていだい》ヲ一器才奇ナリ
胸中貯ウモレ火ヲ元トヨリ非ズレ患ニ　盞《さん》外ノ春風帯テレ暖ヲ吹ク
〈『済北集』より、また「煎茶軸序」と題する文あり〉

煎茶　別源円旨

碧雲裊々《じょうじょう》引テレ風ヲ長ク　椀面ノ白花毛骨涼シ
山月臨ンデレ窓ニ転ズ二梅影ヲ一　瓦餅重ネ注イデ啜ル二余香ヲ一
〈『東帰集』より〉

雪　鉄舟徳済（〜康安五年＝一三六六寂）
六花飛舞《ひぶ》シ眼《め》難クレ磨リ　無シ下奈《いかん》二神光断臂ヲ一何《いか》セン上
後代ノ児孫機ハ活脱　竹炉ニ添エテレ炭ヲ喫スルコトレ茶ヲ多シ
〈『閻浮集』より〉

偶作　中巌円月（〜永和元年＝一三七五寂）
露寒ウシテ莎砌《させい》候《ま》ツ二虫鳴ヲ一　騒客催シテレ吟ヲ句未ダレ成ラ
黄葉随ツテレ風ニ払イレ庭ヲ去リ　白雲無クシテレ雨埋メテレ嶺ヲ平ナリ
老僧ノ眠リ穏カニシテ絶エ二夜蚊一　寠僕《くぼく》ノ膚《はだ》単ニシテ驚ク二胡蝶一
罷テレ浴ヲ煎テレ茶ヲ焼ク二午《ひる》缶ヲ一　水清クシテ摂《かか》グレ高ク玉川ガ評
〈『東海一鷗集』より〉

仲春雪中諸賓相訪レ煮テレ茶ヲ清談ス
天境霊致（永徳元年＝一三八一寂）
二月天寒ク未ダレ試サレ杉ヲ　遠労諸友致（到）ル二空岸ヲ一
甎（塼）炉ノ苦茗ハ添ユ二談味ヲ一　陸羽盧仝（同）モ総テ是ト凡
〈『無規矩』より〉

甲寅歳旦示ス㆑衆ニ　　義堂周信（～嘉慶二年＝一三八八寂）

家々ノ歳旦祝ス㆓唐尭ヲ㆒　寿酒春濃ニシテ酌コト幾瓢ツ

月笑ウ山林難免俗　互甌ニ瀹《に》テ㆑茗ヲ答ウ㆓年朝㆒

次韻答ウ㆓中心ノ煮テ㆑茗ヲ談ル㆑禅ヲ之語ニ㆒

詞鋒淬出《さいしゅつ》ス古竜泉　接語相酧《かえす》モ恐ハ未ダ㆑専ナラ

湯沸テ㆓茶鐺ニ㆒声瑟々　大唐国裏本ト無シ㆑禅

〈『空華集』より〉

画軸　天隠竜沢（～明応九年＝一五〇〇寂）

竹炉ニ煎テ㆑茗ヲ命ジ㆓山童ニ㆒　清和忘ル㆑懐《おもい》ヲ只両翁

水有リ㆓新荷ニ㆒墻ニ有リ㆑柳　開キ㆑窓ヲ㆓四面ノ㆒尽ス㆓涼風ヲ㆒

〈『黙雲藁』より〉

また、五山僧ではありませんが、遠江国原田庄の曹洞宗円通院の松堂高盛（永正二年＝一五〇五寂）の『円通松堂禅師語録』（曹洞宗全書）には、煎茶の詩十一、単に茶とする詩十、合わせて二十一篇が見えます。次にその中から三篇ほどを採り出しておきます。

煎茶之次ニ賦ス

高峰雲水ノ友　和合ス火炉ノ辺リ　座暖ムレバ催シ㆓花雨㆒

春濃ニ煮ル㆑茗ヲ畑　南山ハ呼ビ㆓万歳ヲ㆒　北岳ハ答㆓千年ト㆒

四海清平楽　文明庚（十二年）子ノ天

同ク煎茶之次

岩上ノ円通院　千祥万吉ノ庭　松涛ハ飄リ二石鼎《せきけん》ニ一

甘露湛《しず》ミ二銅瓶ニ一　苦味ハ分チ二三品ニ一　滴源ハ諳《そらん》ジル二一清ヲ一

身心安楽ノ日　丙午歳　文（十八年）明ナリ

試スレ茶ヲ

太平無事ノ世　歓会ハ賀シ二新正ヲ一　煎テレ茗ヲ春ノ浮キレ座ハ

挿梅ノ香ハ満ツレ瓶ニ　亀年長ク二舜日ハ一　鳳暦久シ二尭冥ハ一

万福珍重ノ主　信心更ニ至誠

こうしたことから日本でも鎌倉時代末期には葉茶による煎茶法が始まったことは確かであると思われます。応永二十七年（一四二〇）、朝鮮王朝の官人宋希璟は日本回礼使として来日、京都の臨川寺で住持から煎茶をふるまわれ、『老松堂日本行録』（岩波文庫）に「此の寺の主師は国の文書を掌る。我を見て茶を煎じて曰く」と云々。少し時代が下りますが戦国時代初めの明応九年（一五〇〇）の成立といわれる『七十一番職人歌合』の二十四番には「たつる茶うり」と番《つがい》になっているのが「煎じ物うり」で煎じ物は煎茶のことです。

元禄五年（一六九二）人見必大という人が著した『本朝食鑑』の「茶」の項には次のようにあります。

昔は茶を煮て飲んだが中古より以来《このかた》碾茶《ひきちゃ》を賞美している。(中略)碾末《ひきまつ》の茶は城州宇治の茶が第一で(中略)その他《ほか》の州《くに》で碾茶を産するところは全くない。惟《ただ》、各所では煎茶を産するだけである。（中略）江都《えど》の市《まち》で販売される煎茶は駿州・信州・総州・野州・奥州の産である。近時《ちかごろ》江東の習俗に常に朝飯の前に先ず煎茶を数碗飲むが、これを朝茶といい婦女が最もよく嗜んでいる。

これにより江戸時代に入ると一般にも煎茶を飲むことが普及していったことがわかります。

村山鎮『茶業通鑑』（明治三十三年刊）、茶業組合中央会議所編『日本茶業史』などは、山城国綴喜郡宇治田原郷湯屋谷の茶業家永谷宗円（三之丞義弘）が元文三年（一七三八）、初めて梨蒸煎茶なるものを発明したとする『山本家旧記』の記述により、彼を〝煎茶の祖〟とし、これが現在も通用している。しかし『本朝食鑑』に見るように、蒸製煎茶の製法はこれ以前の元禄期には既に行われていて、宗円の創始ではない。このまちがいは、おそらく梨蒸煎茶を「蒸製煎茶」と読み違えたからであろう。

波多野公介著『緑茶最前線』（平成九年京都書院刊）に次のような記述がある（抜粋）。「さて森薗（市二）さんの手紙の中で深蒸し茶にかかわる次の部分が当事者発言として私の胸を強く打った要旨はこんな具合である。――深蒸し茶の原点は穂先梨《なし》蒸し茶です。……茶葉の心芽《（芯カ）》を梨の色になるまで蒸した茶……しっかりと茶葉の形があり、色は黄緑色にさえ、水色は黄金色が濃く透明で甘いさわやかな香りが強く、味は渋みと甘みのバランスのとれたコク味が強く、実においしかった。……――（昭和四十九年から）何年か経つうちに商人が色の青い深蒸しをいいだした。……そして結局は味も香りもない、色のどろどろした、粉だらけの深蒸し茶にしてしまった……」と、これを読んで私は、永谷宗円の発明したというのは、史料通りの「梨蒸煎茶」である、蒸製煎茶ではない。つまり、梨茶＝深蒸で、永谷宗円は深蒸煎茶の祖というべき人であろうと思うのである。

二　煎点について

禅院茶礼に煎点《せんてん》という言葉が使われていて、山田孝道著『禅宗辞典』（大正四年初版発行）に、「煎熬煎熟《せんごうせんじゅく》⑴の食物を云て点心⑵すること。或は云ふ、煎茶を点《てん》⑶ずるの意なりと。又云ふ、茶を煎じ、菓を点ずるなりと」。云々。中村元著『広説仏教語大辞典』（二〇〇一年初版発行）には、「禅門のお茶の儀式。①茶（煎茶）に添えて、野菜の煮た物を茶受けとして供すること。③点心の異名。茶を煎じ、菓子を点ずること。僧堂の衆僧に茶菓を饗する式をいう。」とある。

しかしこれらの説明ではどうも要領を得ない。そこで後者が参考文献にあげている中国宋（南宋）の時代（崇寧二年〈一一〇三〉成立）『禅苑清規』を見ると、巻第五「僧堂内煎点」に、

堂内煎点の法は、堂頭⑷・庫司《くす》⑸には牓《ぼう》⑹を用てし、首座《しゅそ》には状を用てす。（中略）斎《さい》⑺後、堂前の鐘鳴り、坐に就き訖って、法事を行う人、先ず前門の南頬《なんきょう》に於いて聖僧《しょうそう》⑻を朝し、叉手側立して、徐ろに問訊⑼し卆位を離る。（中略）却って堂内に入り、聖僧の前に問訊して退進、旧位に依って問訊し叉手して立つ。茶遍《あまねわ》し⑽湯を澆ぐ、却り来って近前して当面に問訊す。すなわち先ず喫茶を請《こ》う。湯餅《とうへい》⑾出では次で巡堂して茶を勧むこと、第一瓢の問訊・巡堂の如し。ただ焼香せざるのみ。喫茶罷み、特為の人の盞《さん》⑿を収むるとき、大衆は盞を落《くだ》し床に在って叉手して坐す。前に依って焼香し特為の人を問訊すること罷み、聖僧の前に却り来って大展三拝、巡堂一匝《いっそう》して位⒀に依って立つ。行薬《ぎょうやく》⒁罷《や》み、近前して当面に問訊す。よって喫薬を請う。次にすなわち行茶《ぎょうちゃ》⒂し湯を澆ぎ、叉問訊して先ず喫茶《きっさ》を請う。もし煎《（ママ）》湯餅出では、前に依って問訊し巡堂して、再び茶を勧む。茶罷み位に依って立つ。

と。同じく「衆中特為煎点」に、

早晨《そうしん》⒃の茶は隔宿《かくしゅく》⒄に請う。斎《さい》後の茶は早晨に請う。晩間《ばんかん》⒅の湯は斎後に請う。（中略）行茶して湯を澆ぐこと約《ほぼ》三五椀。すなわち問訊して云う、先ず喫茶を請うと。湯餅出でば、すなわち特為の人の処に問訊して茶を勧め、盞を収めて罷む。（中略）次に行薬遍《あまねわ》し、すなわち問訊して云う、喫薬を請うと。次に行茶して湯を澆ぎ、先ず喫茶を請う。并びに茶を勧むること前に同じ。茶罷み陳謝して云う、此の日の点茶《てんちゃ》〔或は云う、此の日の煎湯〕、

とあり、煎点と云うのは煎湯（煎薬）と点茶による供応儀礼であったことがわかる。

しかし辞典の説明は、煎湯点茶が変化して白湯と煎茶となり、しかもこれが別々に行われるようになった後世の茶礼を前提としているため無理がある（煎湯＝煎薬については全く触れていない）。

『禅苑清規』が成立してから八十年余り後に入宋《にっそう》して、臨済宗をわが国に将来した名僧明庵栄西は、その著『喫茶養生記』（『茶桑経』とも）に茶と桑を摂取することによる養生法を記している。これは栄西の宋（南宋）での禅院茶礼をはじめとする体験に基づくものと思われる。

当時、宋におけるお茶の飲み方は、固形茶、または葉茶の碾茶《ひきちゃ》を湯で溶く点茶法と葉茶を煎じる煎茶法が主であったが、栄西が伝えたのは葉茶（末茶）ではなかったのかと、栄西開創の建仁寺で今に引き継がれている茶礼「四ッ頭茶会」（栄西の誕生日四月二十日に行われる）から推測される。

なお桑は、その枝を割いたり、葉を陰干ししたものを煎じたので、煎湯あるいは煎薬という。

ところで栄西とほぼ同時代の人である南宋の朱熹（朱子）の著とされる『文公家礼《ぶんこうかれい》』には、「古人は茶を飲むに末（末茶）を用う。所謂《いわゆる》点茶とは先づ末茶を器中に置き、然る後、投ずるに滾湯《こんとう》⒆を以てし、点ずるに冷

水を以てし、而も茶筅を用てこれを調す。（中略）今人《いまひと》は湯を焼きて葉茶を煎じ、而も此れを猶を点茶と云うは旧を存するなり。」とある。

中国では南宋の時代。お茶の飲み方が点茶法から煎茶法への移行期であった。そうしたことからか、次の時代、元で編纂された『勅修清規』（『勅修百丈清規』）の「嗣法の人の煎点を受く」の条（巻上「従事章第五」）には、

> 火板《かはん》⒇鳴り、大衆堂に赴き、煎点の人住持に随って入堂し揖座《いつざ》㉑、転身して聖僧前に焼香し叉手、住持の前に往き問訊、転じて聖僧の後ろより出る。住持手を引き煎点の人を揖《いつ》して坐し、位を知客《しか》の板頭㉒に居《す》う。行者喝《かつ》して云う。請う大衆鉢を下せと。行食《ぎょうじき》遍《あまねわ》し、煎点の人起《た》って焼香、襯《しん》㉓を下げて住持を問訊し、乃《つ》いで衆に襯《しん》を行ず。厨司方斎板《さいばん》㉔を鳴らす。就《すなわ》ち行（喫の誤りカ）飯す。飯訖《お》わり衆鉢《はつ》を収め、住持の卓を退け、煎点の人焼香して住持の前に往き問訊、聖僧の後ろより爐の前に出て問訊す。鐘鳴り行茶遍《あまねわ》し、住持の前に往き茶を勧む。また聖僧の後ろより出て、住持の前に進み坐具を展《の》べて云う。此の日の簿礼屑瀆《せっとく》に特に降重《こうちょう》㉕辱《かたじけな》く、下情《あじょう》㉖感激の至りに勝《た》えず、と。二たび寒温を展《の》べ、触礼三拝して住持を送り出す。煎点の人また堂に帰って焼香、上下の間に問訊して、以て光伴㉗を謝す。

同じく「専使㉘特為の新命㉙煎点」の条（同上）には、

> 斎《さい》の時に至り、専使僧堂の前で住持に伺候して入堂、問訊して位に帰り揖座《いつざ》す。（中略）行食《ぎょうじき》遍し、焼香して住持に襯を下げ、次いで大衆へ襯を行じ畢わり位に帰り伴斎《ばんさい》す。折水出るを俟って鼓鳴る。専使再び起って焼香・行礼するは前に同じ。行茶遍し、瓶《（湯瓶）》出るのも前の如し。

とあるように、煎点という言葉が『禅苑清規』での使われ方とは違う。

『禅苑清規』の煎点の「煎」は煎湯（煎薬）、「点」は点茶を示し、煎点というのは煎湯と点茶で供応する茶礼であった。しかし『勅修清規』に見る煎点は、斎と斎後の茶礼であり、煎湯は出されず煎点という言葉が実体を成していない。つまり茶礼の方式に変化が見られるのである。

これは先にも触れたように、この時代お茶の飲み方が点茶法から葉茶の煎茶法へと変わっていったことが（煎湯は白湯へ）、背景にあると考えられる。『勅修清規』には先にあげた煎点の外に

方丈特為の新旧両序への湯。

堂司特為の新旧侍者への茶湯。

方丈特為の新首座《しゅそ》への茶。

などという茶礼項目もあり、過去の喫茶法となってしまったと思われる点茶も行われていたらしく、「頭首《ちゅうしゅ》の僧堂に就いての点茶」という項目もある。

時代は下り日本の江戸時代中期、日本の曹洞僧瑞方面山は『僧堂清規』を著している。その巻一に「衆寮行茶湯作法」、巻三に「衆寮結解《けつげ》(30)特為湯法」「方丈小座湯法」「庫司結解僧堂煎点法」「堂頭結解僧堂煎点法」「首座結解僧堂煎点法」「冬夜両班寝堂煎点薬石法」「冬至堂頭置食点茶法」という項目がある。

ここではこの内の「庫司結解僧堂煎点法」を見ることにする。それには、

次ニ鳴鐘一下《いちげ》、先首座ト住持盞《さん》ヲ行《ひ》キ(31)、次ニ大衆ノ盞ヒク、首座住持ハ托アリ、次ニ鳴鐘一下、両瓶ヲ住持ト首座ノ前ヨリ次第ニヒキアテ、後ニ庫司中立問訊ノトキ、大衆喫湯了テ、盞ヲ床脣《しょうしん》(32)に置ク、コレマデハ両手ニ持ス、次ニ鳴鐘一下、侍薬(33)ハ住持ノ盞、行者ハ特為ノ盞ヲ収ム、庫司特為前ニ到テ問訊シ、聖僧前ニ大展三拝シ、前ノ如ク内外巡堂一匝了テ、知事ミナ一列シ、住持前ニ到テ行礼、初展云、此日粗

湯、特沐㆓慈悲降重㆒、下情《あじょう》不㆑勝㆓感激之至㆒、

とあり。喫湯のみで喫茶がなく、『禅苑清規』に見る煎点にはほど遠い。これは「堂頭結解僧堂煎点法」でもほぼ同じである。おそらくこの時代になると煎点の本来の意味は忘れさられてしまい、禅院における特別な供応儀礼を指す言葉として使用されたのであろう。しかしそれもなくなり、来馬琢道著『禅門宝鑑』（明治四十四年初版）には煎点という言葉は見えず、茶礼の項目は「特為茶作法」「特為湯法」「巡堂行茶」「夜参行茶」の四項目があげられているに過ぎない。

註

⑴煎熬煎熟＝長時間煮ること　⑵点心＝軽食のこと　⑶点＝さす　そそぐ　加える　たてる　⑷堂頭＝住持　⑸庫司＝四知事の頭である監院　⑹牓（榜）＝掲示板　⑺斎＝午時の食　法会の食　⑻聖僧＝僧堂の中央に安置されている仏像　⑼問訊＝合掌低頭すること　⑽遍し＝ゆきわたること　⑾湯餅＝ゆわかし　⑿盞＝さかづき→茶碗　⒀位＝僧堂内の座席　⒁行薬＝煎薬を引き配ること　⒂行茶＝末茶を引き配ること　⒃早晨＝早朝　⒄隔宿＝前日　⒅晩聞＝夕方　⒆滾湯＝沸いた湯　⒇火板＝午前十一時頃　飯の熟するのを俟って鳴らす雲板　㉑揖座＝叉手低頭して座す　㉒板頭＝僧堂内の座席（単）の初めの席　㉓䞋（しん）＝布施　㉔斎板＝斎時に打つ板　庫司の前に掛けてある　㉕降重＝おいで下さりの丁寧語　㉖下情＝下輩が尊上の人に対して心情を述べるときに用いる言葉　㉗光伴＝相伴として列すること　㉘専使＝或ることのために特に派遣される使　㉙新命＝新たな住持　㉚結解＝安居の初めと終わり　㉛行《ひ》く＝引き配る　㉜床脣＝床のふち　㉝侍薬＝湯薬侍者のこと

（著者プロフィール）

大塚　勲（おおつか　いさお）

1945 年　静岡県島田市に生まれる。
「戦国史研究会」「静岡県地域史研究会」元会員
著書　『大井川流域の中世史』朝日書店 2005
『焼津市史』第三編「中世の焼津」執筆
『今川氏と遠江・駿河の中世』岩田書院 2008
『戦国大名今川氏四代』羽衣出版 2010
『駿河国中の中世史』羽衣出版 2013
『今川一族の家系』羽衣出版 2017
論文　「今川領国の農地とその開発」（『今川氏とその時代』清文堂 2009）
現住所　〒 421-0122　静岡市駿河区用宗四丁目 1 -25-503

井伊城・安倍城と戦国今川の城

平成三十一年一月十一日発行
定価　本体二三一五＋税

著者　大塚　勲
発行人　松原　正明
発行　羽衣出版
〒四二二―八〇三四
静岡市駿河区高松三二三三
TEL〇五四・二三八・二〇六一
FAX　〃

ISBN978-4-907118-39-6 C0021 ¥2315E